アメリカ研究
社会科学的アプローチ

榊原胖夫 著

萌書房

はしがき

　久しぶりに「地域研究（アメリカ）」という講義をすることになって，教材の必要性を痛感した。なぜなら，筆者のアメリカ研究は他のアメリカ研究者のそれとずいぶんちがうからである。多くのアメリカ研究者が歴史や文学の出身であるのに，筆者は経済学者，そのなかでも特殊な交通という領域で研究してきた。ただし戦後まもなくアメリカで勉強する機会を得，それからのち，アメリカに対する関心を失ったことはなかった。要請があればアメリカについてもペーパーを書いてきた。教材をまとめる必要を感じて，いままでに書いたものをふりかえってみると，ずいぶんの量になっていることをあらためて発見した。そのなかでいくつかわかり易いものを選んで編集してみることとした。当然，経済と交通に関するものが多いが，従来から考えられている「アメリカ研究」の枠組みを大きく超えるものではないと考えている。最近の日米のアメリカ学会で，社会科学的なアメリカ研究をもっと重視しようという意見が強くなっているから，本書も時宜を得たものであるかもしれない。できれば本書がアメリカ経済や交通経済の研究者と学生の目にもとまって，読書の対象になることを期待したい。

　編集にあたって重複箇所をとりのぞくなど若干手をいれた。ほとんど手をいれなかったものもあり，古いペーパーを参考にしながら書き改めたものもある。したがって，本書は書き下ろした概説書ではない。教材として収録されたペーパーを読んで，筆者のアメリカについての見方を知ってもらえれば十分である。

　なお，それぞれの章のもとになったペーパーや，書き改めたペーパーの初出は以下のとおりである。

　　第1・2章　『アメリカ経済を見る眼』第1章，有斐閣選書，1982年。
　　第3章　「ミシシッピと西部交易」『経済学論叢』（同志社大学）第18巻第

1・2・3合併号，1968年1月。

第4章 「産業主義とソーシャルダーウィニズム」斎藤真編『機会と成功の夢――農本主義から産業主義へ――』〈講座アメリカの文化〉3，南雲堂，1969年。

第5章 「アンドリュー・カーネギー」猿谷要・城山三郎・常盤新平編『人物アメリカ史③』集英社，1984年。

第6章 「19世紀アメリカの都市における郊外化について」『経済学論叢』（同志社大学）32巻1号，1983年1月。

第7章 「アメリカの道路交通と貨物輸送にかんする3つの論文」日本交通政策研究会，2001年，第2論文。

第8章 「アメリカの繁栄，1920年代」学習研究社編『証言の昭和史1』学習研究社，1983年。

第9章 「第二次大戦から朝鮮戦争へ」関西アメリカ史研究会編『アメリカの歴史　下――統合を求めて』柳原書店，1982年；「国際経済システムの形成と崩壊」岡崎久彦・粕谷一希・小島明編『アメリカの世紀の盛衰　文明としてのアメリカ⑤』日本経済新聞社，1984年。

第10章 「国内政策の転換とその背景」『原典アメリカ史』第7巻，岩波書店，1982年；「規制緩和の政治経済学」今野源八郎・大石泰彦編『わが国道路革命期の政策論』勁草書房，1993年。

　本書をまとめるにあたって，筆者の同僚関西外国語大学加藤一誠助教授のご助力を得た。加藤一誠助教授がおられなかったならば，本書が世にでることはなかったであろう。また，出版事情がきびしい折にもかかわらず，即座に出版に同意され，編集に協力され，原稿の督促に怠りがなかった白石徳浩さんに心からお礼を申し上げたい。

2001年4月

著　者

目　　次

はしがき

第1章　国土と人口 …………………………………… 3
1　アメリカ研究 …………………………………… 3
必要性を増した国際理解(3)／日本人のアメリカ理解(4)／アメリカ研究(5)／ソーシャル・フレームワーク(6)

2　アメリカの国土 …………………………………… 7
大陸国家(7)／ゆたかな土地の歴史的役割(8)／ゆたかな地下資源(9)／農業国アメリカ(9)

3　人口と人種 …………………………………… 10
急激な人口増(10)／移民(11)／ネイティブ・アメリカン(12)／黒人(13)

第2章　アメリカの法と政治と制度 …………………………………… 15
1　身近な法と裁判 …………………………………… 15
法律社会アメリカ(15)／裁判はホビー(15)

2　政治と外交 …………………………………… 16
私が政府の重要決定をする(16)／天皇と首相をあわせた大統領(17)／大統領の職務(18)／プレッシャー・グループ(18)／妥協は良い言葉(19)／素人の国(20)／外交のスタイル(21)／国際経済外交(23)

3　経済の枠組み …………………………………… 23
地方分権(23)／民間企業の自由活動(25)／銀行制度(25)／規制産業の統制機関(27)／独占禁止法(28)／私有財産と公共の利益(29)／雇用労働者と労働組合(29)

4　古き良き価値観 …………………………………… 31

アメリカの夢(31)／大地に根ざすものは道徳的である(31)／勤勉と節約にまさる富への道はない(33)／セルフメイド・マンとコモン・マン(34)／工夫の才と競争(35)／変わりゆく平等の概念(37)

第3章　ミシシッピと西部交易 …………………………………… 39

1　ミシシッピをくだるフラット・ボート …………………………… 39
ミシシッピとアメリカ人(39)／国内輸送のパターン(40)

2　蒸気船の黒い煙 ……………………………………………………… 42
ロマンあふれる船名(42)／可能になったアップ・リバー通商(43)

3　東部と西部をむすんだ運河 ………………………………………… 44
運河建設のつち音(44)／運河とミシシッピ(45)／ミシシッピ輸送ルートの変質(46)

4　鉄道とミシシッピ …………………………………………………… 47
鉄道の到来(47)／南部における鉄道建設のおくれ(48)／鉄道の利点(48)／ミシシッピの役割変化(50)／移動する西部交易中心地(51)

5　河上の競争 …………………………………………………………… 52
速力をきそった蒸気船(52)／有名な一騎うち(53)

第4章　産業主義とソーシャル・ダーウィニズム ……………… 59

1　アメリカ経済の変貌 ………………………………………………… 59
急速な経済発展(59)／大規模の経済性と企業集中(60)／都市生活と労働者(61)／富裕者の出現(62)／成金ヴァンダビルト(63)／産業主義と個人主義(64)

2　ソーシャル・ダーウィニズムとは？ ……………………………… 66
自然科学と思想史(66)／ダーウィニズムの到来(67)／ハーバート・スペンサー(68)／ユーマンズとカーネギー(70)

3　サムナーとウォード ………………………………………………… 71
ウィリアム・サムナー(71)／進歩と適者生存と富(72)／評論家

サムナー(73)／レスター・ウォード(75)

 4 消化されたダーウィニズム……………………………………… 76
  ダーウィニズムとアメリカ思想の独立(76)／ソーシャル・ダーウィニズムと盗賊貴族たち(78)／ソーシャル・ダーウィニズム研究の方向(80)

第5章 アンドリュー・カーネギー……………………………… 81

 1 ふるさと……………………………………………………………… 81
  美しきダンファームライン(81)／アメリカへ(82)

 2 成功への階段………………………………………………………… 83
  読書と教養(83)／鉄道と通信(84)／セールスマン・アンドリュー(85)

 3 鉄鋼王カーネギー…………………………………………………… 86
  鉄と産業史(86)／オーガナイザー(87)／アメリカに賭けたカーネギー(88)

 4 鉄鋼業は副業？……………………………………………………… 88
  文人カーネギー(88)／イギリスとアメリカ(90)

 5 「富の福音」………………………………………………………… 91
  ダーウィニズム(91)／カーネギー社売却(91)

 6 第二の人生…………………………………………………………… 93
  富の分配(93)／平和への努力(94)

 7 カーネギーの一生…………………………………………………… 95
  アメリカ経済の発展(95)／カーネギーのパラドックス(96)

第6章 19世紀アメリカの都市と郊外………………………… 99

 1 郊外化とは…………………………………………………………… 99
 2 オムニバス………………………………………………………… 101
 3 蒸気鉄道と馬車鉄道……………………………………………… 102
 4 なぜ人は郊外に移り住んだか…………………………………… 104

    5　郊外化に果たした交通機関の役割……………………………107

第7章　現代都市の形成……………………………………………113
    1　はじめに……………………………………………………113
    2　ストリートカー・サバーブズ……………………………114
        電気鉄道の歴史区分(114)／住宅立地の理論(115)／住宅開発と
        電気鉄道(116)
    3　自動車の出現………………………………………………117
        おくれをとった自動車の発達(117)／ヘンリー・フォード(119)
        ／道路と自動車(119)／ハイウェイ(121)
    4　オートモービル・サバーブズ……………………………122
        トラックと都市化(122)／住宅立地の変化(123)
    5　おわりに……………………………………………………124

第8章　繁栄した1920年代…………………………………………127
    1　陽気で気ままな20年代……………………………………127
    2　アメリカ的生活……………………………………………128
    3　クーリッジとフーバー……………………………………129
    4　サプライ・サイダーとしての政策………………………130
    5　不必要となった移民………………………………………131
    6　"アメリカン"への自覚……………………………………131
    7　崩れさった繁栄……………………………………………133

第9章　第二次世界大戦からパックス・アメリカーナの
        成立と崩壊まで………………………………………135
    1　経済動員体制………………………………………………135
        物量と計画性の戦い(135)／戦時経済(136)
    2　戦後の調整と景気の拡大…………………………………138

　　　　戦後についての計画(138)／完全雇用法(139)／景気の拡大(140)
　　　　／物価の上昇(141)

　　3　冷たい戦争と超経済大国の責任……………………………………142
　　　　ゆたかな国の責任(142)／ブレトンウッズ体制(143)／マーシャ
　　　　ル・プラン(145)／安全保障(146)／朝鮮戦争(147)

　　4　国際流動性のジレンマ………………………………………………149
　　　　パックス・アメリカーナ(149)／ドル不足解消(150)／流動性の
　　　　ジレンマ(152)／ネオ・ケインジアンの国内政策(152)／無視され
　　　　た国際経済問題(153)／ビナイン・ネグレクト(155)

　　5　相互依存性の新しい枠組み…………………………………………156
　　　　パックス・アメリカーナの崩壊(156)／深くなった相互依存性
　　　　(157)

第10章　国内政策の転換とその背景……………………………………159

　　1　ケネディ＝ジョンソン政権とその経済政策………………………159
　　　　「ニューフロンティア」(159)／議会人ジョンソン(161)

　　2　「結果の平等」と「参加民主主義」………………………………162
　　　　科学への信仰と失望(162)／参加民主主義(163)

　　3　ニクソンの破綻とカーターの登場…………………………………164
　　　　ニクソンの所得政策(164)／ウォーターゲート事件(166)／大統
　　　　領選をたたかったことのない大統領(167)／農夫ジミー・カータ
　　　　ー(168)

　　4　規制撤廃と競争原理…………………………………………………169
　　　　航空規制の撤廃(169)／既得権益に対する挑戦(171)／消費者運
　　　　動と規制撤廃(173)

　　5　レーガンとクリントン………………………………………………174
　　　　イデオローグ・レーガン(174)／双子の赤字(175)／クリントン
　　　　政権と不況からの脱出(177)／グローバル・パートナーシップの
　　　　形成へ(178)

アメリカ研究——社会科学的アプローチ

第1章 国土と人口

1 アメリカ研究

必要性を増した国際理解　20世紀後半には偉大な技術革新がつぎつぎと生じた。その多くは，人やものや情報の移動に関係するものであった。最初に生じた大きな技術革新は，コンピュータであった。1950年代に発明された電子頭脳は広大なスペースを占領する巨大な機械であった。その後機械は急速に小型化し，かつ性能も向上した。今日人々が手軽に使っているパーソナル・コンピュータは，大きなスペースと機械を使っていた50年代にくらべて，何倍もの量の計算を何倍もはやくすることができる。コンピュータは膨大な情報を整理し，分類し，いつでもとりだせるようにし，われわれの日常生活のあらゆる面にインパクトを与えている。

　第二の技術進歩はジェット機であった。1950年代末，旅客機に搭載されたジェットエンジンは人々の旅行の形式を変え，人々のあいだの交流を盛んにし，外交の形態を変え，各国経済の国際化に貢献した。世界の首脳や外交官や実業家たちはたえず会合をひらき，国際学会はいつでもどこかで開催されている。1974年には「ジャンボ機」が登場した。ジャンボ機は海外旅行を大衆化した。観光客は群れをなして世界の名所や景勝地を訪れるようになった。人々の所得の上昇と航空運賃の低下が，地球を小さくしたのである。21世紀に新型の超音速旅客機が就航するのは確実である。マッハ5や6の旅客機ができれば，大西洋や太平洋を越える旅も1時間ほどになるであろう。

　第三の技術進歩はいわゆるITである。Eメールが普及して，きわめて安価

に世界中の人たちがタイムラグなしに交流する場が提供された。ITは1980年代から90年代にはじまったばかりで，今後どの方向に向かい，世界をどのように変えていくか，まだ十分に先がみえているとはいえない。しかし，世界中のどこからでも世界中の誰にでも容易にアプローチでき，どのような情報も簡単に手にいれられるようになっていくことはまちがいがない。その意味で地理的にだけでなく，人間的な意味でも世界は狭くなり，ひとつになる方向に向かっているということができる。

急速な技術進歩が期待されるなかで，21世紀は人類にとって試練の時期になるのではないかと考えられる。小さくなった地球のなかでは，自分とは異なる人間に対する寛容と理解が必要である。また見解のちがいがあったり，紛争が生じたときには，それを解決するための知恵と工夫がなければならない。異文化間の接触が増えれば，相互理解がすすみ，自動的に平和が訪れると考えるのはあまりにも楽観的である。むしろ兄弟がもっともよく喧嘩するに似て，人々のあいだのフリクションが増えると考える方が自然である。

日本人のアメリカ理解 交通やコミュニケーションが発達した結果，日本人のアメリカ理解は果たしてより深くなったであろうか。かならずしもそうとはいえないように思うのは，筆者だけではないであろう。

20世紀なかごろの日本人と違って，今日の日本人はコーラもアップルパイもデザートのケーキも知っている。日本人が聴く音楽もアメリカで生まれたジャンルのものが多い。アメリカの「文化」も日本の「文化」も普遍性を増し，相互に輸入される。しかし，アメリカについての基礎的な知識，歴史や制度や思想，アメリカ文化がよって立つところのものに対する知識は，かならずしも増えたといえないのではないであろうか。また法律や政治，経済についての理解もすすんだとはいいがたい。現在，旅行者の大半は航空機を使う。航空機では，残念ながら点しか知ることができない。よくニューヨークやシカゴやロサンゼルスなどの大都市を訪れただけで，アメリカの印象をかたちづくってしまう人がいる。しかし，都市はアメリカの一部でしかない。アメリカの真にアメリカらしいところは田舎にあるということもできる。

図1-1　西部をはしる貨物列車

アメリカ研究　　また学問や教育に専門性が増しつつあることも，異文化理解の深化を妨げているかもしれない。たとえば，アメリカ経済を理解するためには，経済のはたらきに関する基礎的な常識が必要である。しかし，経済の常識が十分にあったからといって，アメリカ経済が理解できるわけではない。アメリカ経済は「アメリカ人」によって「アメリカ」という国土や環境のもとで営まれてきたからである。アメリカ経済をよく知るためには，アメリカ人はどういう人たちの集まりであり，アメリカという国土や環境はどういうものであるかを知る必要がある。

　いったいアメリカとは何か。そしてアメリカ人とは何か。彼らはどのように生き，どのような国をつくってきたか，と問うと，だれも簡単に答えられない。古くからアメリカ人だけでなく，多くの外国人が「アメリカ（人）論」を展開してきた。もっとも有名なものは，ド・トクヴィルの『アメリカの民主主義』（*Democracy in America*）であろう。1835～40年に出版されたこの書物は，今日われわれが読んでも納得できるところが多い。日本でも大正2（1913）年に正岡猶一が『米国及米国人』という本を書いている。その序文に，「米国研究は刻下の急務ならずんばあらず，然れども其研究たるや，……吾人は遠く其根元に遡りて，米国及米国人の起源，性情，天賦の運命を講究し，然る後爾余の問題に到達するにあらずんば，到底満足なる解決を得る事難かるべし……」。

このようにしてアメリカ経済の研究者は，最終的にはアメリカ研究者でもなければならないのである。

ソーシャル・フレームワーク アメリカ人がそのなかで生き，はたらき，生活しているソーシャル・フレームワーク（枠組み）は多くの要因で構成されている。

自然も重要な枠組みである。土地が広いか狭いか，肥えているかいないか，降雨量が多いか少ないか，などは人間に多くの影響を与える。かつてウィットフォーゲルはモンスーンが独特な東アジアの米社会をつくりだしたという論を発表した。後述するようにアメリカは大陸国家であって，アラスカのような寒冷地からフロリダのような亜熱帯地域まで広がっており，日本のように国中のいたるところで米をつくっているようなことはない。そのことがアメリカ社会の構造にどのような影響を与えてきたのであろうか。

社会的な枠組みのなかには，人間生活のすべての要素がはいっている。政治のあり方，法律の仕組み，社会階層の構成，人々の思考のパターン，それらはすべてアメリカ人の行動に影響をおよぼす。そしてそれらの多くは歴史的に形成されている。社会的な枠組みのなかには，たえず変わりつつあるものと，短期的にはほとんど変化しないと考えてよいものもある。人々の価値観などは多くのばあい，短期的にはほとんど変化しないと考えられている。しかし超長期の問題を考えるばあいや他の国の経済を理解しようとするばあいには，長期的に徐々に変化する要因も考えておく必要がある。自然や社会の枠組みを十分に理解するためには，歴史的，社会的知識が必要である。経済政策や社会政策についても同じことがいえる。ひとつの政策が成り立つためには，国内の政治的な状況を知らなければならない。またあるひとつの国で有効な政策であっても，国が違い，条件が変われば，有効でないことが少なくない。

そこで第1章でアメリカの国土と人口，第2章で法律と政治と制度，アメリカ人の価値観などついて簡単に論じることとする。

2 アメリカの国土

大陸国家　アメリカの国土面積は936万3500平方キロメートルで，日本の面積の約24.8倍，フランスの約17倍，イギリスの38倍，ロシアを除くヨーロッパの1.9倍である。面積だけならばアメリカよりも大きな国はあるが，ツンドラ，砂漠，熱帯雨林などのために開発面積の小さなところが多い。アメリカにも砂漠や湿地や山岳地帯があるが，国土のうちの大部分は開発されるか，意図的に保全されており，交通網が全土を覆っている。アメリカが道路に使っている面積だけでも，イギリスの国土全体よりも大きい。カナダ国境からメキシコ湾までは約2500キロメートルあり，それはサハリン中央から台北までの距離と等しい。くわえて，アラスカがあり，その一部は寒帯に含まれている。ミシシッピ平原の最大幅は東京から東シナ海をこえ，中国大陸の古都西安をこえて，甘粛省の蘭州にいたっている。ロッキー山脈の最大幅は本州北端から九州南端までの距離に等しい。アメリカは文字通り大陸国家なのである。

　アメリカは，独立した当初から現在のように巨大な国土をもっていたわけではなかった。1783年独立戦争後パリ講和条約（独立宣言は1776年）が締結されたときの領土は，現在の約5分の1であった。その後，1803年にナポレオンからルイジアナを購入，領土が2倍になり，ついで19年にはスペインからフロリダを購入，45年にはテキサスを併合，翌46年にはイギリスとの協定によってオレゴンを獲得，48年にはメキシコ戦争の結果として，ニューメキシコとカリフォルニアを購入して，国土は独立時の約4倍となった。そして67年にはロシアからアラスカを購入して，ほぼ現在の国土面積に到達した。このようにアメリカでは国土の拡大がつづいたために，日本やヨーロッパとちがって土地はもっとも豊富な資源であり，その価格も比較的低かった。しかし，もちろん人口の増加は国土の拡大よりもはやく，人口密度は徐々に高まった。1790年，1平方キロメートルあたり人口は2人，1860年には4人，1960年には23人，1997年には29人となった。現在アメリカの土地は私有農地が約61％，政府所有地が32％，

図1-2 アメリカ合衆国の領土拡張（1776～1853年）

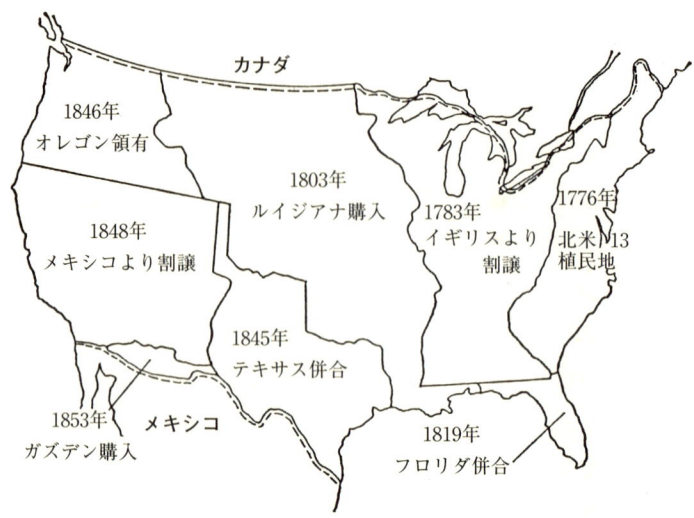

都市・公園・道路・砂漠などの土地が7.5％となっている。独立当初13州であったアメリカは，1950年代末に相次いで州に昇格したアラスカとハワイを含め，現在では50州になっている。

ゆたかな土地の歴史的役割　アメリカ史のなかでアメリカの広大な土地は，重要な歴史的な役割を果たしてきた。未開の荒野がアメリカ人をかたちづくったとか，西部が社会の安全弁となったとか，広大な土地は工業の悪影響を純化したとか，地域における主要生産物のちがいがアメリカ社会の多様性をつくったとか，特化と交易が経済発展を促進したとか，多くの理論が展開された。西部のアウトローやゴールドラッシュ，大陸横断鉄道やミシシッピ河，『大きな森の小さな家』などの物語シリーズ，西部劇映画のヒーローたちはみなアメリカ人のこころを躍らせた。

しかし，今日ではアメリカ西部の歴史解釈は，ひと世代前とはすっかり変わっている。西部は世界中からいろいろな人種がきてせめぎあい，助け合い，競争しあってアメリカというひとつの社会をつくった異文化交流の場であった，という考えが有力である。メルティング・ポット説からサラダボウル説をへて，

現在では，21世紀の世界が技術革新の結果直面せざるをえなくなるだろう異文化交流の，19世紀における実験場であったと考えているのである。

ゆたかな地下資源　土地は経済と密接なつながりをもっている。土地に含まれる地下資源の他，農業にも，製造業にも，住宅にも，また都市的利用，公園やレクリエーションの場，そして交通にも土地は必要である。これらすべてにおいて利用しうる土地の広さ，形態，地下構造などが大きな影響を与える。たとえば，日本でつくられる高速道路はトンネルや橋が多いため，規格も高くなければならず，建設費はアメリカの約5倍である。土地購入費はアメリカの約20～25倍である。

アメリカの地下資源は非常にゆたかで，東のアパラチア山脈では石炭，鉄鉱石，ボーキサイト，銅などが産出されるし，西のロッキー山脈の両側からテキサスにかけては，石油や天然ガスがでる。しかし，資源の保全，公害防止などの見地から，国内での生産よりは輸入に依存しているばあいも少なくない。第二次大戦後アメリカは石油輸入国になり，70年代以降，輸入に頼る割合が増えている。中近東その他の新興産油国にくらべて石油の産出コストが高くなり，くわえて戦略的観点から国内の石油を温存しようという考えもある。そのため，アラスカの石油を増産するかどうかは政治上の論点のひとつになっている。

どの資源がどれほど重要かは用途のひろがりと相対価格によっている。19世紀においては，石油はせいぜい暖房に使うぐらいのことで，重要な資源ではなかった。20世紀になって自動車や航空機に石油が使われるようになり，石油化学も発達するとそれは重要な資源となった。天然資源を考えるにあたっては，技術の進歩と資源の価格にたえず注目する必要がある。

農業国アメリカ　アメリカが世界最大の工業国であることはよく知られているが，世界最大の農業国であることは忘れられがちである。アパラチアからロッキーにいたる大平原は，世界でも有数の肥沃な土地で，北から南へ小麦，とうもろこし，綿花と帯状に生産地がひろがっている。その他にも米，大麦，ライ麦，そば，じゃがいも，さつまいも，大豆，ピーナッツ，タバコなどがそれぞれの適地で生産され，大豆，綿花，米，小麦，ライ麦など

は世界最大の輸出国になっている。リンゴはアメリカ中西部以北のどこででも収穫され，カリフォルニア，フロリダなどではかんきつ類が生産されている。西海岸ではぶどうが栽培され，ぶどう酒が生産されている。

　世界最大の農業国といっても，アメリカ人のなかで農業に従事している人口はおどろくほど少ない。1997年，経済活動人口にしめる農林水産業従事者は，2.2％であった（日本は4.6％）。農業従事者1人あたりの耕地面積は，日本の約95倍であった。アメリカの農業は肥沃な土地と高い生産性に支えられている。生産性の伸びは1990年代になっても衰えず，日本よりはもちろん世界平均よりも高い。農業従事者の多くは市場指向で，生産者というより経営者という側面がつよい。

3　人口と人種

急激な人口増　　アメリカは人類史上かつてないほど急激な人口増加を経験した。植民地時代から1860年までは人口は，ほぼ23年ごとに2倍になっている。すなわち1650年の人口は5万人，独立当初の1790年には390万人，南北戦争時には約3000万人であった。

　南北戦争後，アメリカの人口の伸びは鈍化したが，それでも1860年から90年までは10年ごとに25％，90年から1910年までは20％，10年から30年までは15％であった。30年代の大不況時には7％の伸びにとどまったが，40年代，50年代には再び15％以上の数字になり，60年代，70年代には10％をわずかにこえる程度，そして80年代以降20世紀末までは約9.2％になっている。1999年のアメリカの人口は，約2億7300万人である。

　アメリカはもともと移民によって成り立った国であるが，統計的に調べてみると，アメリカの人口増加は主として自然増の結果であった。

　アメリカ人は人に話しかけるとき，言葉にアクセントがあろうと，皮膚の色がちがおうと，かならずアメリカ人であるという前提で話しかける。アメリカの都市でアメリカ人から道を尋ねられた経験をもつ外国人は多い。一方，日本

で一見して外人と思われる人に道をきく人はまずいない。

移民　アメリカの人口増加は主として自然増の結果であったが，アメリカはもともと移民によって成り立った国である。ネイティブ・アメリカンも，もともとアジアから移動してきた人たちである。1820年から1960年までにアメリカには約4700万人の移民があり，そのうち帰国したものをのぞくと，2500万人がアメリカにとどまった。1960年以降もアメリカは積極的に移民を受けいれ，60年代約330万人，70年代450万人，80年代730万人，91年から98年760万人と移民の数は増加の一途をたどっている。

歴史上これほど多くの移民をさまざまな地域から受けいれた国はない。移民たちは自由を求め，土地所有者になることを夢にみ，見通しのない貧しい生活に変化をのぞんで，大西洋や太平洋をわたったのであった。新しい移民たちはたいていアメリカで最下層の仕事についたが，新しい移民が到着するにしたがって上に押し上げられ，2世はアメリカ化して中産階級となった。そのプロセスは今日でも大きく変わっていない。ひと世代前の新移民は，プエルトリコ人やメキシコ人たちである。その後，アメリカは大量の難民を受けいれた。ヴェトナム，カンボジア，ハンガリーなどからの難民は，アメリカで新しい生活をはじめている。

一方，アメリカは才能がある移民たちに活躍する場をあたえてきた。鉄鋼王カーネギー，新聞王ピューリッツァー，労働運動の父ゴンパース，ニクソン政権で国務長官となったキッシンジャーなどは，いずれも移民であった。アメリカの一流企業の社長にも移民やその子孫が多いし，学者，芸術家，技術者として活躍している人たちもいる。

もちろんアメリカにもエリートがおり，上流階級がある。また，WASP（ワスプ）と呼ばれる白人（White）で，アングロサクソン系（Anglo-Saxon）で，プロテスタント（Protestant）教徒がある種のクラスを構成しているといわれる。しかし，WASPはグループとして何らかの力をもっているわけではない。WASPでない人たちが，そのために出世を妨げられるということではない。

ネイティブ・アメリカン　新しい移民が中産階級になっていく過程のなかでとり残されてきたのは，ネイティブ・アメリカンと黒人であった。アメリカに移住してきた最初の人類がネイティブ・アメリカンであった。彼らは氷河時代の末期，シベリアとアラスカが地つづきであったころ，アジアから移住してきたと考えられている。移住者の大部分はモンゴロイドであった。モンゴロイドの赤ん坊にはたいていお尻に青いあざ（もうこ斑）があるが，ネイティブ・アメリカンの赤ん坊もそうである。

　ヨーロッパ人が移住してきたころ，北アメリカに住んでいたネイティブ・アメリカンは100万人足らずで，言語は55以上にわかれ，方言も含めると500以上の種類の言葉が用いられていた。彼らは狩猟，漁業，木の実の採取，簡単な農作物で生活していたが，馬，車輪，鋤，鉄器具，食用家畜，小麦，火薬などをもっていなかった。また彼らには土地所有の概念がなく，部族の支配地域がおおまかに定められていただけであった。

　しかし，ヨーロッパからの移民がネイティブ・アメリカンから学んだことは多い。アメリカの農業は，ネイティブ・アメリカンの作物をヨーロッパの耕作技術で栽培することにより成り立った。現在でもアメリカの農業生産の約7分の4はいわゆる「インディアン作物」である。そのなかにはとうもろこし，タバコ，じゃがいも，さつまいも，豆，ピーナッツ，トマト，かぼちゃ，カカオ，アメリカ綿，ゴム，パイナップル，アボカド，スクオッシュ，オクラなどがある。

　スポーツも多くはネイティブ・アメリカンの発明であった。彼らはボールを発明していたために，それを使って完全な遊びの世界をつくりあげていた。ハンモック，チューインガム，カヌーなどもネイティブ・アメリカンのものである。

　ネイティブ・アメリカンのチーフは，地位の権威と権力によって住民を支配し，従属させるというような存在ではなかった。チーフは多数決または合意によって住民から選ばれる公僕で，住民たちは自由で多様な生活を営んでいた。のちに白人たちと交渉するときなど，ネイティブ・アメリカンの決定には時間

がかかったが，それは決定方式がきわめて民主的であったからである。ネイティブ・アメリカンの信仰は，すべての物体は霊をもつという汎神的なもので，それゆえにすべての物体は大切に取り扱われなければならず，人間存在の意味は山や川，小さな動物の存在の意味と変わるところがなかった。

　1999年のネイティブ・アメリカンの人口は，アラスカも含めて約240万人であった。もっとも，混血がすすんでネイティブ・アメリカンを定義することがむずかしく，現在では本人の申告に基づいて分類されている。第二次大戦後，ネイティブ・アメリカンは都市に移住しはじめ，現在では半数以上が都市に居住している。ネイティブ・アメリカンはアメリカにおける少数民族のうちでもっとも貧しく，失業率も高く，平均寿命も短く，教育水準も低い。

黒　　人　黒人は奴隷として新大陸へ連れてこられた。19世紀なかばまでに，約950万人の黒人が南北両アメリカに輸入された。そのうちの6％が，現在のアメリカ合衆国に到着した。新大陸に連れてこられた黒人の多くは，カリブ海やブラジルで砂糖生産に従事した。アメリカではタバコの生産に用いられたが，タバコの生産形態は砂糖生産にくらべると小企業であった。

　当時のカリブ海諸島は衛生状態が悪く，死亡率が高かったため，一定の労働者数を確保するために，たえず新しい黒人を連れてこなければならなかった。そのため19世紀になってもアフリカ生まれの黒人が多かった。一方，アメリカではすでに1680年にアメリカ生まれの黒人の方が多くなり，独立のころにはアメリカ生まれが80％になっていた。人口増加の大半は黒人の自然増の結果であった。アメリカ以外の西半球の黒人奴隷は徐々に解放され，1830年までに約3分の1が自由の身になった。しかし，アメリカ南部では1830年代以降，綿花生産の拡大にともなって，奴隷制が強化された。綿花生産の利潤率は高く，奴隷はきわめて効率的な生産手段であった。こうしてアメリカは奴隷制度を廃止するために，内戦をおこなった唯一の国となった。

　南北戦争が終わっても黒人差別は長くつづいた。施設さえ平等であれば，黒人と白人とを別々の場所に分離することが合法であるとした時代は1964年，68年の公民権法が成立するまで約100年南部でつづいた。

1999年のアメリカ合衆国の黒人人口は総人口の約12.8%である。アメリカ人のあいだに存在する賃金の格差は，教育程度によってもっともよく説明されているが，過去の歴史的経緯からして，白人と黒人およびその他少数民族のあいだには，かなりの教育格差が現在でも存在する。1999年の時点で，4年以上高等教育をうけた白人は84.3%，黒人は77.0%，アジア系84.7%，ヒスパニック56.1%であり，また4年制大学以上で勉強した白人は25.9%，黒人は15.4%，アジア系42.4%，ヒスパニック10.9%である。しかし，教育程度が同じであっても黒人の所得は白人のそれより低い。失業率にも格差がある。1999年の失業率は平均すると4.2%であるが，白人の失業率は3.7%，黒人のそれは8.0%であった（ヒスパニックは6.4%）。失業率がもっとも高い女子のティーン・エージャーでは，白人12.0%，黒人27.9%となっている。
　しかし，1980年代，90年代において差別はいちじるしく改善され，南部の一流レストランで黒人夫婦が食事をとり，白人ウェイターがサービスしているというような姿は，ふつうに見られる光景となっている。

第2章 アメリカの法と政治と制度

1 身近な法と裁判

法律社会アメリカ　アメリカは日本などとちがって法律社会で，どこにでも弁護士がいる。会社だけではなく，公益法人にもオーケストラにも中産階級の個人にも顧問弁護士がいて，相談にのり文書をつくる。大学にも弁護士がいる。以前教えていたアメリカのある大学で，筆者と州税事務所とのあいだに小さなトラブルがあった。何度も足を運んだが，いっこうに解決しないので，大学の弁護士に頼んだところ，すぐに解決した。アメリカの法律家（法曹資格をもつ者）の数は，日本の法律家（裁判官，検察官，弁護士を含む）の数の25倍から30倍である。また日本では，ひとたび裁判官，検察官，弁護士いずれかの道を選ぶと，たいてい一生そこにとどまる。アメリカでは流動性が高く，裁判官は弁護士などの実務を長年経験した人のなかから選ばれるし，検察官も一生検察官でありつづけることはめったにない。

日米間の貿易量が増加し，経済関係も複雑化してくると，当然係争事件の数がふえる。現在もっとも不足しているのは，複数国の法律と国際私法に明るい弁護士ではないであろうか。国際的な係争事件を扱う法律事務所のなかで日本に本拠を置いているところは少ない。年間往復2000億ドル近い日米間の貿易量を考えると，法律家の養成が急がれる。

裁判はホビー　アメリカ人はすぐ裁判に訴える。個人でも企業でも団体でも気にいらないこと，腹の立つこと，正しくないと思うことがあると，弁護士に相談して裁判所に提訴する。裁判はアメリカ人のホビーでは

ないかと思われるほどである。

　裁判所をアメリカ人にとって身近な存在にしたのは、陪審制であるといわれている。陪審制は、アメリカではその制度の母国イギリスよりも大幅に強化されている。素人を裁判に関与させることによって、法律は身近なものとなり、マスコミは係争事件を逐一報道し、市民の裁判に対する関心を高めている。

　裁判官はたいていの州では公選制によって選ばれるが、連邦最高裁判所の判事のように大統領による任命制のところでは、だれが選ばれるかについてマスコミの関心は高い。

　アメリカ法の特色として判例主義がある。日本の法律において実定法がしめている位置に匹敵するのが、アメリカでは判例である。いま何らかの新しい法律、たとえば新たな環境法が制定されたとしよう。法律の文言は抽象的であるから、具体的なケースについて裁判所がどう判断するかが肝心なところである。そこで、環境保護団体がつぎつぎと訴訟を起こして裁判所の判断をあおぎ、判例をつみかさねるということがおこなわれる。

　アメリカの国是を定めているのは合衆国憲法である。合衆国憲法は現在でも効力をもつ憲法としては、世界最古のものである。アメリカ社会の大きな変化にもかかわらず、合衆国憲法が存続したのは、ときの変化に応じて修正条項を加えてきた柔軟性にある。現在まで27の修正条項がつけ加えられている。合衆国憲法の番人、連邦最高裁判所の判事は9名であり、終身制である。

2　政治と外交

　私が政府の重要決定をする　アメリカの重要な決定は庶民であるわれわれがおこなうというのは、幻想でしかない。しかし、アメリカ人は政府を自分のもの、身近なものと考えていることは明らかである。選挙でアメリカ人の投票率がとくに高いとはいえないが、関心の深さには驚くべきものがある。とくに大統領選挙となると、その1年以上も前からだれが党の候補者になるべきか、副大統領候補にだれを選ぶべきか、勝つ可能性はどれ

くらいか，大統領になるのはだれか，そうなれば何か変わることがあるかなど，まるでフットボールのゲームでもあるかのように政治を論じている。

アメリカ人は，政治家によく手紙を書く。もしある州の上院議員が連邦議会で州民の気にいらない投票でもしようものなら，抗議の手紙が殺到する。もちろん上院議員がすべての手紙を読むわけでもなく，ましてや返事を書くわけではない。それでもアメリカ人はせっせと手紙を送る。選挙民の意向を反映した行動をとらないかぎり，再選されないことを知っている政治家たちは，少なくとも手紙を賛否に応じて分類し，選挙民の意向を知るために用いるからである。そのようなかたちでも選挙民の意思は政治に反映される。

天皇と首相をあわせた大統領

アメリカの大統領は疑いもなく，世界でもっとも大きな権力をもつ立場にある。同時にその責任の重大さと多岐にわたる権限のゆえに，世界最高の激職でもある。大統領は，アメリカの国民にとって，日本でいえば天皇と首相を兼ねあわせた存在であるとみることができる。日本では天皇が国の象徴であるのと同じように，アメリカでも大統領は国の象徴である。しかし同時に大統領は行政府の長であり，三軍の統率者であるから首相と同じ地位にある。

大統領が政治家であると同時に象徴でもあるということは，大統領となる人間に不可能ともいえる資質を要求することになる。象徴としての大統領は，人格的にも人の鏡になるような，道徳的にも非のうちどころのない清廉潔白な人物でなければならない。一方，政治家としての大統領は戦略にすぐれ，機をみるに敏で，日本流にいえば，清濁併せ呑むことができる人物でなければならない。

大統領という職のもつこの二面性は，ニクソンの辞任にもっともよく示された。ニクソンがウォーターゲート事件（第10章第3節参照）を当初からよく知っていたと正直に告白し，二度とそのような事件をおこさないと誓えば，たいした事件にならなかったかもしれない。しかし，ニクソンは最初に嘘をつき，その嘘を隠すために，嘘の上塗りをしたのであった。それは，象徴としての大統領のとるべき態度ではなかった。アメリカ人は，嘘つきの大統領を許すことが

できなかったのである。クリントンの性的スキャンダルは世界の耳目を集めたが，人々は彼がするべきでないことをしたという意味では非難に値しても，少なくとも彼は正直であると感じたのであった。

大統領の職務　これまでアメリカで選ばれてきた大統領のなかで，経済に詳しかった人はほとんどいない。むしろ大統領になってから多少とも経済を学んだ人が多い。ニューディール政策をとったローズヴェルト大統領も，経済の知識は乏しかったようである。ニューディールを高く評価していたケインズがはじめてローヴェズヴェルトにあったとき，彼が経済学の知識をほとんどもっていなかったことに幻滅したといわれている。最近の大統領はどちらかといえば，自分の下に多くのスタッフをかかえ，彼らのあいだでバランスをとりながら政策をまとめていくタイプが多い。経済学者も数多くスタッフに加わっている。また，官僚のなかにも経済学部の出身者が増えている。

　新しい大統領の経済政策を知るためには，大統領の考え方とともに，彼がだれを経済関係の主たる相談相手にするか，みきわめなければならない。経済諮問委員会の議長やメンバー，連邦準備委員会，閣僚のメンバー，とくに財務長官にだれを任命するかを知るとともに，彼らのあいだの力のバランスや大統領にもっとも近い人物がだれかなどを知る必要がある。そのうえで，これらの経済顧問たちの考え方を知らなければならない。

　近年の大統領は，日常くださなければならない決定に関しては，通常スタッフが作成する1枚ないし数枚のメリットとデメリットを箇条書きにしたメモに基づいておこなうといわれている。もちろん重要な決定では相談の範囲はひろがる。その過程で大統領がもつ哲学やスタッフ・アドバイザーたちの思想，さらには彼らの利害関係が反映されるであろうことは疑いない。

プレッシャー・グループ　政治家たちは基本的には選挙民の意向を反映して行動するが，同時にプレッシャー・グループからの要求をも受ける。プレッシャー・グループは利害が共通した人たちの集まりで，資金を集め，広報活動をおこない，あるときは大衆運動によって，あるときは議員の説得によって，またあるときは為政者と直接交渉することによって，自

分たちに有利な政策決定を獲得しようとする。

　プレッシャー・グループの形成は19世紀後半にはじまる。住民の7～8割が農民であった時期には，農民の声は組織がなくても十分に政治に反映された。しかし，経済成長がすすみ，職業や職種が多様化するとともに，いろいろなグループが結成された。最初に大きな成功をおさめたのは，1887年の州際商業法であったといわれている。自由企業体制では，需要の変動に応じて経済の部門間に資源の移動が起こる。もし，移動が即座に抵抗なくおこなわれるならば，プレッシャー・グループの活動は必要でない。

　その後，アメリカ社会のグループ化はいっそうすすんだ。行政側でも次第にグループの存在を認識し，グループ間のバランスに気を配るようになった。政治家もまた背後にグループをもち，そのグループの主張を政治に反映させることは，票の獲得につながると考えた。ただし，1980年代以降，グループの勢力は相対的に衰えたようにみえる。労働組合を含めていろいろな団体の組織率が低下したこと，政治や行政も既得権益の打破，競争の重視，資源の急速な部門間移動をより重要に考えるようになったこと，などがその原因であろう。

妥協は良い言葉　すでに述べたように，アメリカのような広大な国では，地域の利害の対立があるのは当然である。歴史的にもそうであったし，今日でもそうである。たとえば，日本製自動車の輸入を制限したいと，ミシガン周辺の自動車産業やそこに働く労働者たちが考えたとする。同州出身の政治家たちは，当然選挙民の意向を反映して，輸入制限立法を成立させようとする。アメリカ製自動車のディーラーもそれに賛同して，支援をおくる。しかし，日本に小麦や大豆を大量に輸出しているミネソタ州では，事情が異なる。ミネソタ州の農民は質の良い日本製トラックや自動車を欲しつづけるであろうし，自動車の輸入制限などをすれば日本は大豆を買ってくれなくなるかもしれないとおそれる。したがって，同州出身の政治家たちは輸入制限に反対する。

　アメリカが多人種国家であることも，意見の対立をもたらす。アラビア系移民を支持基盤にする議員と，ユダヤ系住民を支持基盤とする議員とのあいだで，

対イスラエル政策の合意を得ることはむずかしい。それにくわえて，石油関連グループの利害や武器輸出業者の圧力がかかるかもしれない。

一方，大統領の支持母体はアメリカ国民全体である。大統領とすれば，少なくともアメリカ人の過半数が賛成する政策を，つぎつぎと実行していかなければ再選はおぼつかない。

こうしてアメリカの議会は利害関係が異なる，多様な人たちの闘争の場となる。もしそこに妥協がなければ，そして何らかの取引が成立しなければ，政策は完全に宙に浮いてしまう。闘争のリングのなかでそれぞれが自己の主張を述べつくし，そのあとで何らかの妥協点をさがし求めるのは，アメリカの政治家の知恵である。妥協ができないような純粋な人物は，政治家としての資質に欠けているとみなされる。アメリカの歴史上，妥協が成立しなかった唯一の例は，南北戦争であった。

アメリカの経済政策の成立にも，この過程はあてはまる。ひとつの政策によって利益を受ける人たち，損失をこうむる人たちがいるとすれば，政治的にはそのどちらが多数で，どれほどの人がそれによって支援する政治家や党を変えるか，の判断に基づいて政策が決定される。そのあいだに妥協によって，より中立的な政策がみいだされるばあいもある。通常為政者は一般市民より幅広い視野と詳しい情報をもっており，それらを分析するスタッフもかかえている。為政者が特定の政策を正しいと判断すれば，彼は広報のスタッフを通じて市民の説得に努めることとなる。

素人の国 政治家のなかには何度も再選されて，政治の表裏を知りつくした真のプロフェッショナルがいる。また，選挙運動をとりしきる政治のプロの数も多い。複雑なアメリカ社会の裏表を知っているのでなければ，適切な選挙運動ができないからである。しかし，行政府では事情が異なる。大統領は4年ごとに選挙で選ばれる。再選されても8年である。彼らの前職は議員であったり，州知事であったりする。しかし，大統領としての国政や外交は素人である。しかも，新しい大統領が選ばれるたびに閣僚はもちろん，高級官僚，アドバイザー，おもな外国大使は入れ替わる。任命にあたっては，本人

の能力も考慮されるが，大統領選の論功行賞として与えられるポストもある。したがって，彼らもずぶの素人といえる。

アメリカの官僚機構は，日本のようなエリート集団ではない。経験豊かな官僚が政治家を立てながら実権をにぎるという慣習もない。もちろん政権が交代するときは，事務引き継ぎがおこなわれる。しかし，新任者はいちはやく新しい政権の特色をうちだし，新任者として功績をあげようとするから，前任者の仕事とはちがう新機軸をうちだそうと試みる。

このように，良きにつけ悪しきにつけ，行政と外交が素人によって担当されるということは，アメリカの大きな特色となっている。良い面としては，人事の停滞がなく，新しいことをつぎつぎと実行することができ，担当者の個性と能力が発揮されるということがある。しかし，一方で政策がともすれば一貫性を欠き，功をあせった思いつきの施策がとられ，政策担当者間の調整が乱れるというような事態も生じる。

外交のスタイル　外交が素人によって担当されるということの他に，アメリカは国際外交を重視しないでも，十分に生存できたという歴史的事情があった。独立前後こそヨーロッパでベンジャミン・フランクリンの活動が目立ったが，その後アメリカで外交官として名を残した人は少ない。アメリカが大西洋によってヨーロッパと地理的に隔離されており，国際紛争にまきこまれるおそれがなかったことが，その理由であろう。西海岸に進出したのちも，アメリカは太平洋によってアジアから切り離されていた。

アメリカが直接的な利害関係を多少とも維持したのは中南米諸国であったが，そこは多くヨーロッパ諸国の植民地であるか，独立したばかりのひ弱な国であった。このようにして，1823年にだされた「モンロー宣言」が，公式には1947年の「トルーマン・ドクトリン」まで存続したのであった。もちろんその間にも米西戦争とか，中国に対する門戸開放政策とか，ウィルソンの国連外交とか，アメリカが国際舞台にでたことがあった。しかし，その結果に幻滅すると，アメリカ人はすぐ国内に引きこもった。

第二次大戦後，圧倒的な力と富をもつ国となったアメリカは，超大国として

の責任を果たすべきであると自覚した。第一次大戦後の孤立主義が，大不況と第二次大戦という結果に導いたという反省もあった。アメリカは積極的に国の外にでていったが，アメリカの外交はそのスタイルにおいてヨーロッパの外交とまるでちがっていた。

たいていのアメリカの外交官は外交上の儀礼やその手続きを十分に守らず，まるで国内政治の延長でもあるかのように単刀直入に本題にはいり，論点を明らかにして相手の反論を待つというような姿勢をとった。その態度はヨーロッパの外交官には押しつけがましく，ときには無礼にみえたが，やがて外交関係が複雑になり，交渉相手も多様化すると，それが戦後の外交スタイルの一般的な特徴となっていった。

いまひとつは，アメリカ外交の単純明快さであった。アメリカ人は，彼らの価値観をそのまま外交の場にもちだした。もちろん，アメリカ人の価値観の多くは一般性をもつものであった。しかし，なかには他の国で現実性をもたないものもあった。もっとも，国際関係にたいした関心をもたないアメリカの大衆に外交の意味を説明するためにも，アメリカ的価値観の拡大を強調することは得策であった。

歴史的にみるとアメリカでは，道義を守ることと経済的利益を守ること，つまり理想と現実が大きく矛盾すると考えられたことはなかった。多くのアメリカ人にとって，道徳を守ることは実利を生むことであった。他の国にもアメリカ型民主主義が育つことはそれらの国民を幸福にすることであり，これはアメリカの利益につながることであった。

このような伝統的な価値観に衝撃が走ったのはヴェトナム戦争であった。共産主義という悪と戦い，ヴェトナム人を幸福にするために送られたアメリカの戦士たちが，残虐行為をおこなったということの発見ほど，一般のアメリカ人にショックを与えたことはなかった。アメリカは，それによってようやく現実に目覚めたといえるのではないだろうか。今日ではアメリカで孤立主義を唱える人はほとんどいない。グローバル化した社会のなかで，現実的な外交を展開することによってしか，自分たちも生きていけないということをようやくにし

て自覚したのである。

国際経済外交　アメリカは経済問題においても外交の経験が不足していた。守らなければならない国外での経済権益は，中南米をのぞいてほとんど存在しなかったし，中南米で権益を守るために外交はほとんど不必要であった。

　アメリカ経済のなかで外国に依存する部分も小さかった。国民総生産（GNP）に占める輸出の割合をとってみると，植民地時代がもっとも高く，10％から20％のあいだであったが，アメリカの内陸部の開発がすすみ，国内市場が拡大すると次第に低下し，19世紀末で7ないし8％，1950年代では4ないし5％になっていた。その後アメリカ経済の貿易依存度は高まったが，150年ものあいだ貿易が国の経済のごく小さな部分にすぎなかったという事実は，国際経済外交の必要性が小さかったということを示している。

　しかも，アメリカの対外収支は，1875年から1971年まで（1888，1889，1893年をのぞく），ほぼ100年にわたりつねに黒字であった。そのことは，1970年代になってアメリカの貿易が赤字になったときのアメリカの戸惑いと，その後とった政策を部分的に説明する。1960年代末の日本は貿易赤字がつづけば金融を引き締め，公共投資を抑え，内需を減らして輸出振興をはかった。アメリカは当時，マクロ経済政策は国内対策に対してのみ用いられるべきである，という姿勢を崩さなかったし，その後の赤字対策も外国が貿易障壁を減らすべきであると主張するだけで，そのための対策をとることはなかった（第9章第4節，第5節参照）。

3　経済の枠組み

地方分権　アメリカはその誕生のときから州の連合体であり，州は国家の機能を備えていた。州には行政府，立法府はもちろん司法，警察，その他の機関も整っていて，州内で起こったことの全責任を負っている。したがって，アメリカには州の許認可制度はあっても，連邦に許認可権はない。

交通機関が発達して州域をこえる取引がすすむと，州から権限の委譲を受けて，連邦政府がその管理を任されることになったが，そのはじまりはすでに述べた1887年の州際商業法である。その後も経済の発展とともに連邦政府の役割は大きくなり，州間にまたがるあらゆる事件は連邦の管轄下におかれるようになった。州間にまたがる犯罪は FBI，州間にまたがる大気汚染源は環境保護局（EPA），航空の安全性は連邦航空局（FAA）といった具合である。しかし，その場合でも連邦政府の法律には州政府の役割が規定されるか，「州政府の協力を得て……」という言葉がはいっている。

　このような地方分権制度は，現在になるとアメリカの経済運営を複雑で，部分的には非効率なものにしている。たとえば，連邦政府の最低賃金法は州内だけで商売をしている企業には適用されない。街角にある雑貨屋の従業員の賃金がいかに低くても，州法にさえ違反していなければどうしようもない。

　アメリカでは伝統的に州間，都市間の競争意識がつよい。たとえば，東海岸の4大海港都市，ボストン，ニューヨーク，ボルティモアおよびフィラデルフィアは長いあいだ，内陸開発と海外貿易量の拡大ではげしい競争関係にあった。現在でもそのような競争意識はなくなっていない。ある州やある都市の税金が高くなったり，教育が気にいらなくなったり住み心地が悪くなると，日本人ほど土地や家に執着しないアメリカ人は，別のところに移り住む。したがって，州や都市としては州税を抑え，教育水準を高め，道路を改善し，治安維持に努めなければならなくなる。

　いま，アメリカのある都市で，都市内の混雑を減らすために環状道路をつくろうという提案がなされたとしよう。日本ならその提案を国土交通省にもちこみ，必要性を強調して建設を要請するところであるが，アメリカのばあいはその必要性を住民に訴え，道路建設に必要な経費をまかなうために不動産税や消費税を増徴するという案を提出して，住民投票をおこなうのが普通の手続きである。

　アメリカの歴史をみると，いつでも連邦政府の権限拡大に反対し，地方分権を徹底させようとする勢力があった。それは，権力の集中に対する伝統的な警

戒心と，地方のことは地方の人がもっともよく知っているという信念に基づいていた。また，事実アメリカのような広大な国で地方分権制度ができあがっていなかったならば，国土の均衡ある発展はなかったであろう。

どちらかといえば，民主党は連邦権限の拡大に反対ではなく，共和党は地方分権に積極的であったが，1970年代以降，連邦政府の肥大化と財政赤字の増大の前に，両者とも地方分権の推進を強調する方向にある。

民間企業の自由活動 自由企業体制のなかでも，アメリカは私企業の自由活動を最大限に保証している。アメリカにも労働関係の法律，独占禁止法，環境保護法など法的な規制が存在する。その意味で，アメリカが混合経済（官と民が混じりあう経済）であるといってもまちがいではない。しかし，法の範囲内であれば，最大限の自由が保証される。いい換えると，法に基づかない規制，たとえば行政指導のようなものは違法であり，まったく存在しない。政府が企業にいうことをきかせようとすれば，法律を制定するより他にない。法に基づかない政府の指導などあれば，企業はすぐ自由活動に対する不当な干渉として法廷にもちこむであろう。法廷にもちこまれれば，政府が勝訴する見込みはまったくない。

自由活動の法的限界を知るために，アメリカの企業の多くは弁護士を雇い，自由の範囲を知り，かつそれを拡大しようと努めている。アメリカに進出した日本の企業が当惑するのは，法による限界のきびしさと弁護士の役割である。最近では進出企業の多くがアメリカ人弁護士をやとっている。

銀行制度 アメリカの銀行制度は日本やヨーロッパと大きくちがっている。そのちがいのもっとも大きな点は，もともとアメリカには全国に支店網をもつ「都市銀行」が存在しなかったということであろう。銀行の認可統制は州政府の権限であり，銀行はそれが存在する都市と周辺農家のためのものであった。1999年でもアメリカには約1万の銀行があり，その多くは1行1店舗である。

全国的な銀行が発展しなかったのは，金融独占に対する伝統的な警戒心と，銀行の発展期が急速な西部開発の時期と一致したことに基づいている。西部で

はいつでも流通通貨が不足しており，開拓農民や牧場主も金融を必要としたために，その需要にこたえて新しい銀行がつぎつぎに設立されていった。そのころの典型的な銀行は，資金量10万ドル以下，預金者100人程度，職員4,5名，記帳も計算もすべて手でおこなわれていた。銀行家は，自行の貸出が地域経済の発展に寄与したことを誇りにしていた。現在の銀行の多くは，そのころ設立されたものである。このような小銀行制度は少なからず危険であった。銀行はよく倒産したし，またいわゆる山猫銀行（銀行の本店を山猫がでるような山地においたという意味。裏付けなく紙幣を発行し，交換に応ぜずいち早く逃亡するというような銀行）のような不届きな銀行も存在した。銀行はとくに不況に弱く，そのため貨幣と信用には絶えず不安がともなった。それが頂点に達したのは，1929年の大恐慌であった。その結果，銀行の数は当時より大幅に減り，銀行預金の保証に関する連邦政府計画ができ，銀行はようやく安全なものとなった。

　アメリカに連邦準備銀行とよばれる中央銀行が設立されたのは1914年であって，他の先進国よりもかなり遅れている。もっとも，独立当初からしばらくのあいだ，合衆国銀行とよばれた国立銀行が存在したが，ジャクソン大統領がときの合衆国銀行総裁のビドルと不仲になり，免許を更新しなかったため，1833年に消滅した。合衆国銀行のような組織は，あまりにも巨大な権力を集中させると，ジャクソンは主張したのであった。

　連邦準備銀行はアメリカ本土に12行あり，その運営はワシントンD.C.にある連邦準備制度理事会によっておこなわれている。連邦準備銀行は，連邦準備制度に加入しているメンバー銀行によって所有されているが，メンバー銀行が準備銀行の政策に影響をおよぼすことはない。今日では財務省やアメリカ政府との関係がよくなり，連邦準備銀行は独立性を維持しながらも，協力体制を失わないように努力しているかにみえる。12の準備銀行は連邦準備紙幣を発行し，メンバー銀行の準備を保持し，必要があればメンバー銀行に資金を貸し出す。理事会は金融政策を実施する。アメリカの（商業）銀行と連邦準備銀行との関係は，日本の市中銀行と日本銀行のあいだのように密接ではない。アメリカの

銀行はいまでも，自由銀行制度時代の独立性を精神的なよりどころとしているようにみえる。

　アメリカの銀行間の競争はつねにはげしかった。運営の巧拙によって利子にも配当にも差ができる。貸出金利も一定ということはない。成長性のある企業には低い金利で金を貸し出し，育てようと努める。一方，成長性が低いと考えられる企業に対する貸出金利は高い。長い目でみると，アメリカの銀行制度は非効率な部分があったとしても，全体としてはアメリカの経済発展に大きく寄与したと考える経済史家が多い。

　1980年代以降，アメリカの銀行制度は徐々に改変されてきた。他州への支店網の拡張は自由になり，証券や保険業務との障壁もなくなった。そのため，もとからはげしかった競争は，さらにはげしくなっている。

規制産業の統制機関　交通，公益事業の大部分はアメリカでは私営であるが，政府による規制を受けていた。それらの産業に属する企業は地域的な独占を形成し，利用者の利益を損なうおそれがあると考えられたからである。最初に連邦の規制を受けたのは，鉄道であった。鉄道の規制は連邦のなかに鉄道省を設けるというような直接的なかたちではなく，政府からなかば独立した委員会によっておこなわれた。委員は超党派で公益代表的な性格の人が選ばれた。間接規制方式が定着したのは，政府が直接経済に干渉すべきでないと考えられたこと，政府による直接規制は権力集中につながると考えられたことなどのためである。その後，連邦取引委員会（1914年），連邦電力委員会（1920年），連邦通信委員会（1933年），証券取引委員会（1934年），連邦海事委員会（1936年），民間航空委員会（1938年）などがつぎつぎと設けられた。連邦の他にも州の規制委員会があって，州内の鉄道，電力，水，ガス，パイプラインなどを規制した。

　交通においては，1966年に連邦に交通省が設けられた。唯一の都市間交通手段が鉄道であったころとはちがい，自動車や航空が発達して鉄道の競争相手となったことから，交通分野，公益事業分野でも競争を促進し，規制を撤廃しようという動きが強まった。委員会の廃止，権限の縮小がはかられ，安全規制を

のぞいて経済規制は消滅し，独立規制委員会はほぼその役割を終えつつあるように思われる。

独占禁止法　企業に最大の自由が与えられているにしても，企業が守らなければならない法律は少なくない。そのうちもっとも古いものは，独占禁止法である。独占禁止法は1890年のシャーマン法を根幹として，1914年のクレイトン法および連邦取引委員会法を主要な補完立法とし，さらにこれらの法律を改正するいくつかの法律によって構成されている。しかし法規は簡潔で抽象的な表現しかしていないので，過去の判例が重要な役割を果たしてきた。独占禁止法は独占の弊害から消費者を守ろうとするのであり，過去にはタバコ，アルミニウム，石油などの巨大会社を分割したことがあった。

20世紀後半になると，技術進歩が企業の最適規模を大きくするという認識が一般的となった。また多くの産業が巨大企業による寡占体制になり，複合企業，多国籍企業，世界企業が増加した。企業が大きいというだけで独占禁止法を適用すれば，経済的な非効率を生む。そこで集中度が高まった産業でパフォーマンスが悪くなっていないかを調査し，判断するようになった。

独占禁止法がもっとも効果的でありえたのは，企業の独占的行為に対するブレーキとしてである。アメリカの大企業では，いつでもある特定の行為が独占禁止法違反にならないかどうかを過去の判例からチェックしており，違反していないとい確証を残すように努めている。たとえば，巨大企業のある社長が別の巨大企業の社長と会うとき，弁護士が同伴し，独禁法違反になるような談合をしていないという証明をしてもらっておくというようなこともある。話し合いと協調が当然と考えられている日本の実業界とは，雰囲気に大きな差があるといえよう。

独占禁止法の他に企業が守らなければならない法律は，消費者保護や環境の保護に関する一連の法律，人種間や性別間の機会平等を定めた法律など数が多い。それらが守られなければならないのは，人民の代表である議会で論議され，多数決で決定されたものであるからである。

私有財産と公共の利益　このように，アメリカ経済の制度的な枠組みについて述べてくると，アメリカ経済は私企業の自由活動と，公共の利益とのあいだの微妙なバランスのうえに成り立っていることがわかる。もちろんたいていのばあい，私企業の自由活動は公共の利益に寄与する。しかし市場における自由活動が十分に機能しないところ，あるいは公益にとってマイナスになりかねない部分では，政府が法的手段を通じて枠組みを設け，自由を制限している。しかもこのような枠組みの形成は，アメリカでは時期的にヨーロッパよりもはやくはじまっている。それはなぜなのであろうか。

アメリカはもともと私有財産，契約，その他の法的概念をヨーロッパから受け継いでいる。しかし，アメリカではこれらの法的概念を絶対視する方向にすすまず，むしろ実用的にコミュニティの利益や経済効率中心に解釈した。アメリカにおいて，今日の日本ほど私有財産権が絶対的な権利と考えられたことは，歴史的には一度もなかったのである。もちろん西部劇にみられるように，自分が所有する財産を守るために男たちが闘ったことは少なくない。しかし，開拓期のアメリカでは自然はきわめてきびしく，そのために互いに協力しあうことが生存のための条件であった。インディアンに対する防衛にしろ，道づくりにしろ，子女の教育にしろ，宗教活動にしろ，知識の交換にしろ，彼らはアメリカ定着の当初から協力しておこなってきたのである。その延長が農科大学であり，郵便輸送であり，鉄道建設であった。したがって，アメリカ人は公共利益のために私有財産権が制約されるのは当然と考えてきたのである。それゆえに産業主義全盛期においても，公益のため私企業の活動に枠をはめるという考えは，きわめて自然に受けいれられたのであった。その意味でアメリカ経済が，絶対的な私有財産権のうえにたった「レッセ・フェール」（自由放任）経済であったことは，かつて一度もなかった。

雇用労働者と労働組合　アメリカは雇用労働者の国である。労働力人口にしめる雇用労働者の比率も，国民所得にしめる雇用労働者の所得も，他の国にくらべて大きい。個人経営の農場や商店の数が少ないことがその原因である。アメリカの雇用労働者は，一般にみずからを中産階級と考

えており，階級意識は低い。

　雇用労働者のうち労働組合員の比率は，1985年18.0％，90年16.1％，95年14.9％，99年13.9％と次第に低下している。産業構造の変化にともなって，労働組合が組織しやすい製造業や交通運輸業の労働者数が減少し，組織しにくいサービス業の労働者が増えたこと，また労働者の質も変化し，コンピュータなどを使う知的労働が増えたことなどが原因であろう。製造業や運輸業にくらべると，サービス業では賃金格差が大きい。そのため将来的には中産階級の層がうすくなるのではないかと懸念するむきもある。

　組織された組合員の大多数は AFL-CIO に属している。アメリカの労働組合は，歴史的にみても特定の政治的イデオロギーや労働者政党をもってこなかった。組合のおもな目的は労働力の供給独占をはかり，賃金を引き上げることにある。現在の労働組合の原型は，1886年に結成されたアメリカ労働総同盟（AFL）である。そのころには社会主義的組合や戦闘的な組合も存在したが，内部の人的思想的対立から急速に衰退した。一方，AFL は職能別組合で，政治活動をおこなわず，労働者の利益保護を中心に実利をとる方向で組合運動を推進した。そして1900年から20年のあいだに大幅にその勢力をのばした。

　1935年にワグナー法が制定され，労働者の団結権と団体交渉権が保証された。そのなかで恒久的な組織として産別会議（CIO）が組織された。CIO は未熟練労働者を積極的に組織し，政治活動にも参加した。しかし，その政治活動はイデオロギー的ではなく，労働組合に友好的な政治家や政党を支持し，ロビー活動を盛んにおこなうというかたちをとった。

　しかし第二次大戦後，強力になった組合に対する反発が高まり，1947年タフト・ハートレー法，59年ランドラム・グリフィン法などが組合の反対にもかかわらず成立し，組合運動は少なからず制約を受けることになった。1955年には AFL と CIO が合併し，AFL-CIO が誕生した。

　AFL-CIO はプレッシャー・グループとして力をもち，労働組合は経済のなかに制度として定着した。すでに述べたように，近年その力にかげりがみえている。

4 古き良き価値観

アメリカの夢　アメリカには，古くから存在したいくつかの価値基準があった。それらは理想的なアメリカ人の姿とアメリカ的社会のイメージに重なっていた。しかし，いつの時代でもつねに変わることなく維持されてきたとはいえない。それらは時間とともに変容し，あるいは陰に追いやられ，必要とあらば表に引きだされてスローガンとして用いられた。アメリカに何らかの危機が訪れたとき，伝統的な価値観は再発見された。

アメリカという国には，同一民族という国家成立の基盤がない。アメリカで生まれた者と，アメリカに移住して市民権を得たものがアメリカ人である。多様なアメリカ人をひとつにするもの，それはアメリカ人の共通の夢，価値観しかない。アメリカの価値基準を容認すること，それがアメリカ人になるということであった。そしてアメリカの価値基準を受けいれようとしない移民たちは歓迎されず，排斥の対象となった。

アメリカの価値観の大部分は，アメリカが農業中心の平等主義的国家であるときに形成された。したがって，工業化がすすんだ19世紀後半までには，それらのいくつかは経済の現実とは合致しないものとなった。いくつかの価値基準は新しい思想によって強化され，現実に合致するよう再解釈された。そのばあいでも，古い価値観は捨て去られたわけではなかった。古い皮袋に新しい酒がいれられたのである。ここではいくつかの価値基準をとりあげておこう。

大地に根ざすものは道徳的である　土地あるいは土地に関連した存在が神聖であるという考えは，人類の歴史とともに古いが，アメリカでも大地はとくに重要であった。初期の移民たちは，アメリカに未開拓の肥沃な土地が無限にあり，アメリカへ行きさえすれば好きなだけ自分の土地をもつことができると考えた人たちであった。そして，実際に彼らの大部分は土地持ちになった。土地は稔りゆたかで，そのおかげで余裕がある生活ができるようになった。それは神の恩寵としか考えられなかった。こうして

図2-1　トマス・ジェファソン

ある種の大地信仰が生まれた。また額に汗して大地に働くものは，より神に近い道徳的な存在であると信じられた。

「もし神が選民というものをもちたもうとすれば，大地を耕すものこそ神の選民である」というのは，アメリカ建国の父祖の一人，トマス・ジェファソンの言葉である。彼は独立自営の農民をもって構成されるアメリカは，道徳的にも健全であり，政治的にも民主的であると考えた。そのころのたいていのアメリカ人も，大地と農業と勤労がアメリカ人を正直で，汚れのない，罪のない人間にすると信じていた。

そのアメリカに工業化がはじまったとき，アメリカ人には思想の転換が必要となった。工業は本来不道徳なもので，ヨーロッパで起こっているように，人々の勤勉性を失わせ，貧しい人々をつくり，人々の精神を退廃させると考えられたからである。しかし，工業の発展もアメリカ人の生活をよりゆたかにすることがわかっていくにつれて，アメリカ人はアメリカで工業が発展しても，ヨーロッパのようにならないであろうと考えた。なぜならアメリカにおける大地の存在が，工業の不道徳性を純化するからである。そのころアメリカで描かれた鉄道や工場の画やポスターは，つねに大自然の背景の前面におかれ，ここでは土地が広大であるために，自然と工業は不調和でないことが強調された。

すでに述べたように，アメリカはつぎつぎと新しい領土を獲得し，土地はさまざまな方法でそれを欲している人たちに払い下げられた。1862年の「自営農地法（Homestead Act）」は，大地に汗して働く独立自営農民というアメリカの夢を制度化し，恒久化する法律であった。農業従事者の数は，1870年には労働力人口の約半分，1900年には3分の1に下がった。1890年にはフロンティアが消滅した。しかし，大地信仰が死ぬことはなかった。

今日アメリカの農業人口は、全人口のごくわずかな部分でしかない。それでも多くの人は農民こそ国の宝であり、アメリカ的美徳の源であり、民主主義の基盤であると考えている。大統領候補者が選挙戦中に畑にある小麦を口に含んで、今年の作柄は良いといってみたり、通りすがりの農家にはいって自分で乳しぼりをしたりする風景が新聞に報道されるが、それは自分がいかにアメリカの大地に近い人間であるかを示そうとしているのである。現在、アメリカ人の75％以上が都市地域に住んでいるが、彼らの郷愁をかきたてる存在が田園であることに変わりはない。退職後は田舎に住んで農業をやりたいと口にするアメリカ人も少なくない。もちろん農業は今日でもさかんで、農民は決して無力な羊ではない。議会に農民の意見が反映されることも多い。しかし、このような伝統的な価値観の理解なしには、なぜ経済活動人口の2.2％にしかすぎない農民の意見が政治によく反映されるのかを説明しにくいのである。

勤勉と節約にまさる富への道はない　いま一人の建国の父祖フランクリンは、アメリカの民衆に「富への道」を説き、「要するに富への道は……勤勉と節約の2語につきる。すなわち時間と貨幣とを浪費せずに、この両者をもっとも活用することである」と書いている。フランクリンの教訓は、独立自営の農民にとって経験的真実であった。しかし、フランクリンの「富への道」は単なる処世訓や知恵ではなかった。それは同時に徳を高く保つことにつながり、理想的なアメリカ人に近づくことであった。

フランクリンの思想が「現代資本主義の精神」であったかどうかは別にしても、それがアメリカの精神的風土に適合し、伝統的な価値観のひとつになったことは確実である。こうして金銭的な成功は、道徳的にすぐれていることの証となった。19世紀をつうじて教会の牧師のなかには、「神は道徳的な人間にのみ畠を与えたまう」とか、「正直な人だけが金をもうけることができる」とかいう説教をつづけた人が少なくなかった。第4章で述べるように、ソーシャル・ダーウィニズムがアメリカで盛んになるのも、そのような基盤があったからである。

貧困や失業が個人の怠惰や浪費の結果ではなく、社会の仕組みから生じたも

のであるという考えは，1930年代になってようやくアメリカに定着する。労働力人口の4分の1が失業するという経験をへてはじめて，アメリカ人は社会的産物としての貧困や失業を認識したのである。

しかし，社会的産物としての貧困や失業は，もともとアメリカ的なものではなかった。なぜならアメリカが真にアメリカ的な社会であるためには，勤勉と節約と正直という美徳をもつ人が，すべて富への道を歩むことができなければならないからである。アメリカの大地とアメリカの民主的制度が正しく機能するならば，そのようになるはずである。アメリカの歴代の政府がニュアンスの多少の差こそあれ，失業の減少を経済政策の最大目標にかかげ，重要視してきたのは，社会的失業がアメリカの伝統的な夢とあい容れない現象だったからである。

セルフメイド・マンとコモン・マン　田園の夢と深く関わりあっているアメリカ人の理想型は，独立自営のセルフメイド・マンということであった。みずからの努力によって土地を獲得し，額に汗して社会にその位置を得，個性ゆたかで容易に妥協しない正直な人間である。アメリカではセルフメイド・マンはすなわち普通の人，コモン・マンである。コモン・マンの代表的な英雄はジャクソン大統領であった。ジャクソンは生まれながらにして，何らかの特別な家柄や身分や地位をもっていたわけではない。彼は他人の力に頼らず，みずからの能力と努力によって運命をきりひらき，大統領にまでのぼりつめたというわけである。ジャクソンの他にもアメリカには，いくらでもセルフメイド・マンの典型をみいだすことができると多くの人は考えている。

セルフメイド・マンというイメージは，特権の否定と機会の平等を意味した。フランクリンは，アメリカへの移住に適している人は誠実な働き手か，技能をもつ人であって，誇るのは家柄だけという人には移住はすすめられないと説いた。事実，身分や家柄は，働かなければ食べていけない新世界では無意味であった。アメリカの憲法は三権分立や「チェックス・アンド・バランセス」などの制度によって代表されるように，特権や権威をつくりださないように最大限の工夫をこらしている。

工業化がすすむと，中世的な身分ではなくとも金持ちは一種の特権的な地位をもつことになったし，労働者たちはセルフメイド・マンになる機会を奪われていった。人々がもっともおそれたのは，経済の変化にともなって個性を全体のなかに埋没させてしまった画一的なアメリカ人が生まれることであった。そのおそれはきわめてはやい時期から指摘されていた。たとえば，ソローは『森の中』（ウォールデン）の最初にコンコードの生活をえがいて，「人間が汽車にのるのではなく，汽車が人間にのる」といい，時刻表に支配されて生活している人間という存在を皮肉る。

　もちろん19世紀は近代化の時代であり，たいていのアメリカ人は新しい機械の出現や拡大する工業生産に目を奪われていたし，それを進歩と考えていた。しかし，セルフメイド・マンの理念は消えることなく，それはとくにアメリカの教育，あるいは教育論のなかで個性を尊重し，各人の能力を引きだすことを強調することとなって現われた。

　アメリカの小・中学校教育で画一的に記憶を強要したり，つめこみ教育をしないのは，そのためである。その結果，アメリカの子供たちを集団で行動させることは，スポーツでもない限り不可能に近い。

　アメリカ人は本来，何らかの目標を定めて競争させるとき，あるいは新しい記録を達成するよう努力させるばあいに，もっともよく働く。しかし規則をもうけてがんじがらめにして働かせようとするとき，すぐ嫌気がさして脱落する。型にはまる人間を軽蔑し，型にはまらないことこそアメリカ的と考えているからである。アメリカに進出する海外企業はそのことをよく理解しておく必要がある。

工夫の才と競争　アメリカ人は新大陸できびしい自然に立ち向かうこととなった。自然は克服されなければならなかった。そこで，アメリカでは工夫の才に富むことが強調された。建国時代の代表的アメリカ人フランクリンが，また工夫の才に富む人であったことは良い実例を供給した。その後，アメリカ経済の生産性を高めるような技術革新がつづき，工夫の才に富む人たちは尊重され，成功への道を歩んだ。

初期のアメリカでは，競争は直接人と人とのあいだの競争を意味していたのではなかった。人間は荒野を支配する運命をもち，自然支配におけるリーダーシップを獲得することが競争であると理解された。

19世紀後半になって競争は本来の意味を失い，むしろ神聖化されることになった。ソーシャル・ダーウィニストの代表的経済学者ウィリアム・サムナー（第4章参照）は，つぎのように説いた。競争は人間が進化するためのもっともすぐれた，しかも唯一の方法であり，人間はすべて競争するべく生まれる。競争は適者を生存させる。それは文明の法則である。「われわれは競争による自由，不平等，適者生存の道を選ぶか，非自由，平等，不適者生存という道を選ぶかのどちらかである」。

しかし競争が個人のあいだや，多数の小規模な企業のあいだでおこなわれているときはよかった。企業の規模が大きくなり，独占体が生じるようになると，競争が失われるのではないかという不安が広がった。19世紀の終わりから20世紀にかけて，アメリカでははげしい反独占運動が展開され，議会も諸外国にはるかに先がけて反独占法を成立させたが，それらは経済的能率とともに，競争の回復，セルフメイド・マンの機会の国というアメリカの原点への回帰という性格をもっていた。この点は，独占を必ずしも悪と考えてこなかったヨーロッパ諸国や日本と大きく異なっている。

現在でも，アメリカはまだまだ競争的な社会である。アメリカを競争社会にしているのは，基本的には個人のあいだの能力と工夫の才の競争である。競争には勝者があり，敗者がある。アメリカ人は競争に敗れたとき，自分の敗北は社会が悪いせいだなどということはいわない。あっさりと敗北を認め，意気消沈することなく，新しい活動領域をもとめ，新しい競争に従事する。それが「アメリカ人」というものだと，彼らの大部分は考えているのである。

アメリカ人の工夫の才がもっともよく発揮されたのは，高等教育の面であった。アメリカはヨーロッパの大学理念と制度を受け継いだが，それをまったくちがった独特のものに変えてしまったのである。大学はアメリカにおいて大衆のものになると同時に，真理を求める場所からあらゆる種類の理論的実際的研

究がおこなわれるところになり，コモン・マンにノウハウを与えるところとなったのである。

変わりゆく平等の概念　平等はアメリカの建国理念のひとつであったが，きわめて抽象的な概念で，その意味するところは時代とともに変わった。建国当初の平等は，だれも生まれながらに身分や特権をもってはいないということであり，勤勉に働くならば，だれでも自分で耕すことができる土地をもちうるということであった。統計的に実証することはできないが，そのころの所得分配は工業化されたのちのアメリカにくらべれば，はるかに平等であったと想像される。

　工業化がすすむと機会の平等が強調された。出発点が同じならば，結果の不平等は人々の能力の反映であり，だれもそれについて文句をいう筋合いはなかった。19世紀のリベラル（進歩）派たちも，機会の平等の徹底に力を注いでおり，教育機会の平等や高率の相続税などを主張していた。

　平等の概念が大きく変化したのは，ニューディール期であった。ニューディール期には，はじめてグループとしてのアメリカ人のあいだの平等が考えられたのである。すなわち経営者グループにくらべて農民グループと労働者グループとが平等ではないと考えられ，農業調整法やワグナー法によって，不平等と考えられるグループに対して援助が与えられたのである。

　1960年代になると，多くのアメリカ人は機会の平等，グループ間の平等だけでなく，結果の平等をも主張しはじめた。ジョンソン大統領の「偉大な社会」プログラムや「貧困戦争」は，アメリカ人ならば当然享受すべき生活水準を，すべての人に与えようと考えたものである（第10章参照）。

　しかし，結果の平等はたいていのアメリカ人にとって容認しがたい平等であった。結果の平等は他の伝統的な価値観，工夫の才と競争，セルフメイド・マン，勤勉と節約などと矛盾するように思われた。今日では機会の平等への回帰が一般的になったようにみえる。

第3章　ミシシッピと西部交易

1　ミシシッピをくだるフラット・ボート

　　ミシシッピとアメリカ人　　ミシシッピ河ほどアメリカ人の詩情をそそってきたものは少ない。誰がいいはじめたかわからぬいい伝え，スザンナのような古い歌，ニューオルリーンズをめぐる海賊のはなし，「マーク・トウェイン」がえがく風景風物，これらはみなアメリカ人がこの川にそそいだ愛情を端的に表わしている。アメリカ人は，インディアンが「ミシシッピ」（大いなる河）とよんだこの川にいつも魅せられ，この川について歌いつづけ，この川とともに生きてきたのであった。

　歴史的にみてもミシシッピほど興味のある川は少ない。モンタナ奥地の源からメキシコ湾のスワンプ（湿地）帯までアメリカを縦断しているこの川は，またアメリカ史をも縦断して流れている。

　ミシシッピにうかんだ最初の舟は，もちろんインディアンのカヌーであったであろう。しかし，1541年にはヘルナンド・デ・ソトがミシシッピをわたり，その地方一帯のスペイン領たることを宣言した。1673年から83年にかけて，ラ・サールはその細長い船でミシシッピを航行し，その地方一帯をルイジアナと命名し，フランスの領有であることを宣言した。その後この地方をめぐる植民地国同士の戦いがあり，この地をめぐって多くの兵士が死んだ。新生国家アメリカは，ミシシッピの自由航行権，とくに荷揚げの権利を主張していたが，ジェファソン大統領のとき，突然ナポレオンからミシシッピ以西ロッキー山脈にいたる土地，すなわちルイジアナを購入することを得た。1803年のことであっ

図3-1　ミシシッピをくだるバージ船

た。
　そのころミシシッピを航行する舟は，下流に向かってはフラット・ボートとよばれる筏にヘリをつけたようなかたちのものであり，上流へは細長いキール・ボートとよばれるもので帆をつけたり，こいだり，岸からひっぱったりしてさかのぼるのであった。その乗客は主として鹿皮猟人や，ガラス玉やウィスキーなどをもつインディアン商人であった。アメリカにおける鳥類の研究家で有名なオデュボンや，ハミルトンと決闘することとなったアーロン・バアもそれを利用したことがあった。
　やがてまもなく上流に多くの移民が居住するようになって，彼らの製品，毛皮，小麦，豚肉，タバコなどが川をくだるようになり，ミシシッピは次第にアメリカ経済の動脈としての役割を果たすようになった。

国内輸送のパターン　1820年代はじめごろになるとアメリカ国内輸送の類型がはっきりした形をととのえた。それは3000マイルにおよぶほぼ円形の道程を左まわりに動いた。ペンシルベニア，オハイオ，インディアナのような奥地の産物はフラット・ボートで南下し，ニューオルリーンズに到着する。それらの産物の若干はニューオルリーンズからヨーロッパや西インド諸島に輸出されたが，その大部分はボストン，ニューヨーク，フィラデルフ

図3-2 広大なミシシッピ河流域

ィアなどの大西洋岸の諸港に向けて,第二の弧をえがいて海上輸送される。最後の弧はフィラデルフィア,ボルティモアからアパラチアをこえる陸上ルートである。アパラチア山脈をこえればもうそこに西部があった。西部はミシシッピをくだって移出された商品のみかえりとして,東部からの織物,帽子,靴,かなもの,陶器,書物,茶などを受けとったのである。この最後の陸路は300マイルほどの距離にすぎなかったが,もっとも困難な輸送路であった。[1]

輸送大幹線の一翼をになうようになったフラット・ボートは上流でつくられ，西ペンシルベニアからニューオルリーンズまで1カ月ないし6週間の旅をすると，そこでこわされ，木材としてたたき売られた。金をつかんだ船頭たちはニューオルリーンズの酒場で陽気な数日を送ると，徒歩で帰る用意をする。遡行にはキール・ボートがあったが，ニューオルリーンズからピッツバーグまで少なくも4カ月はかかり，莫大な費用を要するのであった。[2]

フラット・ボートの役割は遠距離輸送に限らなかった。それはまたミシシッピ河流域の交易をもおこなった。当時の紀行家レビ・ウッドベリーは，「どの村でもわれわれは10隻から20隻のフラット・ボートをみた。フラット・ボートにはとうもろこしや豚肉，ベーコン，小麦粉，ウィスキー，牛，それに鶏などが，シンシナティあたりから送られてきた，ほうき，家具，りんご酒，鋤，りんご，網などといっしょに山積されていた。彼らは1カ所に舟をとめて売りさばく。売れなければ，また舟をすすめて次の村にいくという具合にして舟が空になるまで河をくだる。全部売りさばけると，舟をこわし，仲間といっしょに蒸気船で故郷に帰った」と述べている。[3]

ニューオルリーンズに到着するフラット・ボートの数は，蒸気船の出現にもかかわらず1846年ごろまで増大しつづける。その数は1846年には2792隻で，その半分はオハイオやインディアナからのものであった。フラット・ボートはその後になってはじめて減少しはじめ，1855年には718隻となった。そのうち249隻は乾草をつんでインディアナからきたものであり，202隻はピッツバーグからの石炭をつんでいた。1856年以降フラット・ボートは河川交易の手段としての重要性を失い，その数も記録にのこされていない。[4]

2 蒸気船の黒い煙

ロマンあふれる船名　　1811年，フルトン・リビングストンは蒸気船ニューオルリーンズ号（371トン）をピッツバーグで建設し，ニューオルリーンズまで廻航した。それがミシシッピに蒸気船の黒煙がたなびいた

最初であった。つづいてエンタプライズ号が建設された。その後蒸気船の数は急速に増え，1820年には69隻（1万3890トン），1855年には727隻（17万トン）に達する。そしてすでに1830年ごろには蒸気船が，その輸送量においてミシシッピの支配的な交通機関となっていた[5]。

そのころの蒸気船はいまとはすっかり形がちがっていた。2本の大きな不調和なほど長い煙突が両側にそびえたち，両舷ないしうしろには水車のような櫂がついていた。色はたいてい白くぬられていた。今日からみれば怪物のようなこれらの船も，当時の若人たちの眼にはロマンティックなものとうつり，冒険心に満ちた少年たちはこれらの船のオフィサーや水夫になることを夢みたのであった。これらの船にはいろいろな美しい名前がつけられていた。メイフラワー，プリンセス，ラースト・チャンス，テレグラフ，シルバー・ウェーブ，シセロ，デューク・オブ・オルレアンズ，ダニエル・ブーン，ナチェッツ，ロバート・リーなどがそのなかにあった。それらの船の船長たちは名士であり，英雄であった[6]。

可能になったアップ・リバー通商　蒸気船は当時ほとんど不可能であったアップ・リバー通商を可能にし，西部の発展に大きく貢献した。西部の産物は洪水のように河下にくだり，それとともにニューオルリーンズから東部の工業製品や，塩，砂糖，コーヒーなどの輸入品が川をさかのぼって各地に配分されていった。

河川交易改善の程度を知るにはニューオルリーンズとシンシナティの価格差をみるのが便利である。1816〜20年ダウン・リバー品目である小麦粉1バレルのニューオルリーンズ価格は，平均してシンシナティ価格の2.16ドル増であったが，1826〜30年には1.75ドル差になった。同時期アップ・リバー品目であるコーヒーのシンシナティ価格は，1ポンドあたりニューオルリーンズ価格の16セント増からわずか2.6セント増にまで下落したのである。このような価格差の縮小は西部に有利にはたらき，西部産品の価格も輸入品の価格もニューオルリーンズ価格にさやよせされたため，オハイオ渓谷の住民の購買力を増大させたのであった[7]。

ミシシッピ河口に位置するニューオルリーンズは大きな発展をとげた。1830年代はまさに黄金の時代であった。1830年に4万6310人であった人口は1840年には10万2000人となり、2倍以上にふくれあがった。港は大小の船舶やフラット・ボートで輻輳した。1840年にはニューオルリーンズはアメリカ第一の輸出港であり、アパラチア以西の最大の港町であった。そしてこの状態はミシシッピが逆に流れるというような大異変が起こらないかぎり、永遠につづくものと考えられていた。

3　東部と西部をむすんだ運河

運河建設のつち音　ニューオルリーンズが繁栄に酔い、ミシシッピが大小の船舶で輻輳しているころ、東部では新しい時代の到来をつげる建設のつち音がはじまっていた。それはアパラチア山脈を抜け、直接東部と西部をむすびつける運河建設のつち音であった。そのような直結路の影響は、東西交易路が隘路を構成していたがゆえに、いっそう大きかった。

1825年にはイリー運河が開通し五大湖への水路ができあがった。つづいて1832年にはオハイオ・イリー運河、1834年にはペンシルベニア・メイン・ライン運河（一部鉄道による連絡を含む）が開通した。さらにその11年後にはマイアミ運河、そして1851年にはイリノイ・ミシガン運河が完成した。

これらの運河は全体として五大湖地方を東部諸都市にむすびあわせる一大運河システムを形成した。そしてそのなかでもイリー運河が果たした役割は大きかった。従来、馬車で1トンあたり100ドル前後であった西部貨物の運賃が、いっきょに15ないし25ドルに減少したのである。[8]

まず、従来いったんニューオルリーンズからミシシッピをさかのぼって輸送されていた工業製品のうち、とくに高価な商品が直接西部へ流れはじめた。そして次第に運河で直送される商品の範囲はひろがった。イリー運河を通過して西部に輸送された商品の価値は、1836年の1000万ドルから1853年の9400万ドルへと9倍以上に増加した。シカゴはニューヨークからの商品に対する集散地と

しての重要性を獲得した。またセントルイスは以前からニューオルリーンズ経由の東部商品に対する集散地として要の位置にあったが，イリノイ・ミシガン運河の開通によって直送された商品の集散地にもなった。その他，マリエッタ，シンシナティ，ルイビル，フランクフォートなどの都市の東部商品取扱量も急速に増加した。

　西部の農産物もはじめて直接東部に向かって移動しはじめた。イリー運河経由で送られた小麦や小麦粉は，1835年に26万8000バレル（小麦粉換算）であったが，1840年には100万バレルを超え，1860年には434万4000バレルに増加した。[9] バッファローにおける西部商品受けとり高は1837年までにニューオルリーンズの受けとり高をしのいだ。[10] このようにしてオハイオ盆地入植の当時から一貫してミシシッピを下降していた西部の商品は，運河の開発とともに直接東部へ流れはじめたのである。

運河とミシシッピ　しかし，運河の開発はすぐさまミシシッピ交易に深刻な打撃を与えたわけではなかった。ミシシッピ交易は運河の開発にもかかわらず，南北戦争直前まで増加傾向を示している。ニューオルリーンズにおける内陸生産物受けとり高の総価値は1830年の2200万ドルから，1840年の5000万ドル，1850年の9700万ドル，1860年の1億8500万ドルと急速なのびさえ示しているのである。[11] しかし運河の開通によってミシシッピ交易の性格にはかなりの変化がみられた。

　まずアップ・リバー通商に関してニューオルリーンズは，東部工業製品の集散地としての重要性を失いはじめた。その輸（移）入交易は次第に低下し，ニューヨークの10％以下にまでさがった。そして，品目も次第にコーヒーとか砂糖のような熱帯地方で生産されるものに限られるようになる。ニューオルリーンズからセントルイスに到着する蒸気船の数は1847年から51年のあいだに502隻から300隻に減少し，オハイオ河からセントルイスに到着する船の数に圧倒された。貨物は東部からイリー運河，オハイオ・イリー運河へ，オハイオ河をとおってセントルイスに到着しはじめるのである（のちにはイリー運河—マイアミ運河—オハイオ河，イリー運河—ミシガン湖—イリノイ・ミシガン運河の

道もひらかれた)。ニューオルリーンズは，ピッツバーグやシンシナティのみならず，セントルイス市場まで東部にうばわれるのである[12]。

ミシシッピ輸送ルートの変質　第二にダウン・リバー通商に関して，通商の総価値は増大しつづけるが，そのなかに占める西部商品の割合が減少しはじめる。西部商品の絶対額も1850年ごろまで増加するが，それにもかかわらず，その比重は低下し，ミシシッピ交易の繁栄は主として南部商品の大幅な輸送増によって達成される[13]。もちろん，運河が西部の主要農産物の輸送経路として，ミシシッピにとって代わったと考えるのは誤りである。運河輸送量の拡大は，主として運河がつくりだした新しい需要によって生じたものであった[14]。1840年オハイオ渓谷の産物のうち，ウィーリングあたりのものまではまだ主として南部に向けて輸送されていた[15]。その下流にあるシンシナティでは少なくとも東部への鉄道が完成する1852年まで，その産物をニューオーリンズに向けて輸送していた。ただシンシナティは，東部が南部の可能な競争者として出現したために，その商品をいっそう高い価格でニューオルリーンズに売ることができ，大きな利益を獲得したのである[16]。

既述のようにニューオルリーンズの輸(移)出交易は繁栄をつづけるが，それでもその相対的凋落はおおうべくもなかった。1843年には第一位の座をニューヨークにうばわれ，1852年までに金額にして4200万ドルの差をつけられていた[17]。

しかしニューオルリーンズの楽観はつづいた。ミシシッピ河口という位置には東部諸港間のようなきびしい競争がなかった。ニューオルリーンズの生活はミシシッピをはなれて考えられなかったし，ミシシッピはニューオルリーンズに富と繁栄をもたらした。それはまた同時に「姿勢(アティテュード)をかたちづくり，生活様式(ウェイ・オブ・ライフ)をうちたて，住民たちのあらゆる経済的思考に影響」[18]したのであった。

そのころルイジアナでは西部交易に関する論争があった。それは東部における運河体系の発達がニューオルリーンズの交易，商業上の地位に脅威をもたらすかどうかについてであった。市民たちの大部分は極端な楽観論を発表した。

ただ『ビー』紙（*The Bee*）のみがいみじくも、ニューオルリーンズの相対的地位の低下が西部の発展によってかくされていると論じただけであった。[19]

4 鉄道とミシシッピ

鉄道の到来 まもなく鉄道がやってきた。アメリカ最初のコモン・キャリア（運輸業者）としての鉄道の操業開始は1830年5月のことであった。そしてその後，20年ないし30年のうちにアメリカの鉄道は巨人に成長した。鉄道史家のほぼ一致した見解では，アメリカの鉄道は南北戦争前の10年間に成年に達する。まず1850年ごろから鉄道の建設，勾配，架橋などについて，ほぼ一貫した方法がとられるようになったことが注目される。そして，1850年以後1970年ごろまでの鉄道の基本的な技術にはたいした変化がなかったのである。[20] また，南北戦争前の10年間に運河に対する鉄道の優位性が確立されたと思われる。1850年代に2万2000マイルの鉄道が建設されたのに対して，運河は新しく建設されるよりも廃棄される距離の方が長くなった。[21] また1850年代には，いく本もの短い路線が大きな組織のなかに統合される傾向がはじまった。オルバニーからバッファローにいたる路線は7つの異なる会社によって部分的に所有されていたが1853年にいたって合併し，ニューヨーク・セントラル鉄道の中核となった。またペンシルベニア鉄道は，フィラデルフィアからピッツバーグまでの路線を統合した。1850年代にオハイオだけで，合併，売却，賃貸などをつうじて20の結合がおこなわれた。もっとも50年代の結合は，より大きなそれへの序幕にすぎず，独占化の巨大な波は南北戦争後に生じた。[22]

1860年までにミシシッピ以東の基本的な鉄道網は完成した。イリー鉄道，ボルティモア・オハイオ鉄道，ペンシルベニア鉄道，ニューヨーク・セントラル鉄道の4大幹線は，すべて1851年から54年のあいだに完成し，さらにいくつかの鉄道はミシシッピをこえて西に向かっていた。11の鉄道をもつシカゴは世界最大の鉄道中心地となり，北部の主要都市はすべて鉄道によって連絡され，東部と西部，たとえばシンシナティやセントルイスとのあいだには，たえずコミ

ュニケーションがたもたれるようになり，企業家の危険負担が減少した。[23)]

南部における鉄道建設のおくれ　一方南部は南北戦争前までにニューオルリーンズとモービルから北上する幹線を建設していたが，全体としてみると，東部やオハイオ河以北の西部にくらべて，鉄道網の密度は低かった。第一に南北の輸送にはミシシッピを中心とした水路があり，比較的安価で安全な輸送手段を提供していた。したがって，南北をむすぶ鉄道はこれらの水運と競争できないと考えられていた。また南部は基本的に田園地帯であり，人口密度が低く，輸送貨物にも季節的変動があり，鉄道経営に適した環境ではなかった。もちろん，ニューオルリーンズにも鉄道建設熱はおとずれた。しかし現実に建設するとなると資本，企業家，経営者，技術者，さらには労働者まで不足であって，その困難は想像以上のものがあった。[24)]

しかし南部の鉄道建設が遅れた基本的な理由は，沿岸諸都市がミシシッピ水運にたよりすぎていたことにあろう。たとえばルイジアナ州政府は，北部諸州にくらべると鉄道建設に積極的ではなかった。ウィッグ党の知事ローマンをはじめとして実業家や市民たちは，ニューオルリーンズと西部とのあいだの鉄道建設の必要性を緊急のものとは考えなかった。鉄道導入は単に新しい技術の採用を意味するだけではなかった。それはいままでとは異なる生活様式の導入であり，その意味ではある種の社会革命を意味した。ミシシッピによってその繁栄をきずきあげてきたニューオルリーンズが，その繁栄のゆえに鉄道建設に消極的であったのは自然なことであった。

1840年代は一般に不況であったが，それでもニューヨーク州では956マイル，ペンシルベニア州では324マイル，オハイオ州では551マイルの鉄道が建設された。一方，ルイジアナ州ではわずかに27マイルの鉄道が建設されただけであった。1850年代ルイジアナ州は246マイルの鉄道を建設した。しかし，ニューヨークでは1273マイル，ペンシルベニアでは1698マイル，オハイオでは実に2356マイルの鉄道が建設されたのである。[25)]

鉄道の利点　鉄道輸送の費用は馬車輸送の費用にくらべてはるかに低かったが，蒸気船にくらべると割高であった。[26)] ミシシッピ＝オハイオ

河では蒸気船の導入直後から南北戦争までに，ダウン・リバー通商で25ないし30％，アップ・リバー通商で5ないし10％の運賃低下があり，シンシナティからニューオルリーンズまでの貨物は，トンマイルあたり0.27セントまで低下したこともしばしばであった。一方，南北戦争前の鉄道はもっとも低いばあいでも，たとえばシカゴからニューヨークまでの小麦輸送においてトンマイルあたり1.2セントであった。[27]

鉄道の貨物輸送速度も蒸気船にくらべて，とくに速いとはいえなかった。ニューヨーク州の鉄道では1858年時速10.95マイル，途中の停車時間も含めると10.69マイルがふつうであった。全国平均は，おそらくニューヨーク以下であったであろう。しかし，鉄道は輸送距離を大幅に短縮することが多かった。たとえば，シンシナティからピッツバーグまでの距離は蒸気船によると470マイル，鉄道では311マイルであり，前者によると3日と6時間，後者によれば1日と12時間になるのであった。

1817年シンシナティからニューヨークに可能な限りはやく財を輸送しようとすると，まずキール・ボートでピッツバーグへ，ピッツバーグから馬車でフィラデルフィアへ，そして馬車と河川を利用してニューヨークにいたる行程で，その輸送には50日以上を必要とした。1850年代のはじめ，ニューオルリーンズ経由でニューヨークにいたる水運および海運で28日，オハイオ運河―イリー湖―イリー運河―ハドソン河の経路で18日，鉄道で直送すれば6日ないし8日で到着するのであった。[28]

鉄道の輸送量はみずからがつくりだした需要を中心として，運河からも顧客をうばいつつ急速に増大した。1860年の農業センサスは1862年4大幹線による輸送量の総計を601万8452トンとし，一方運河による東西両地域間の輸送量を315万トンと推定している。すなわち，鉄道は1860年代はじめまでに，東西貨物のうちの3分の2を獲得したとみているのである。[29]もっとも，フィシュローによるとこの数字は鉄道輸送量のなかに短距離輸送も含んでおり，それらをとりのぞくと，南北戦争直前で東西貨物のほぼ40％が鉄道を利用したとのことである。[30]

ミシシッピの役割変化 　鉄道発展の結果として，ミシシッピ交易は重大な変化をとげることとなった。まずシンシナティは，そのもっとも重要な市場を南部から東部に転換する。1855年，シンシナティから東部へ向かう商品の価値と南部へのそれとはほぼ等しいが，1850年代の最後の3年には，東部へ向かう小麦や小麦粉は南部へ向かう量の3倍になっている[31]。

　もっとも，シンシナティがその商品の移出先を急激に転換したのには重要な契機があった。1854年と1856年の干ばつである。ミシシッピの水位が低くなり，しばらくのあいだ蒸気船の航行が危険となって，水運の不確実性と鉄道の確実性が対比されたのであった[32]。

　西部の移出した食料品に占めるニューオーリンズ経由の割合は，一貫して低下しつつあったが，とくに1850年代の低下はいちじるしかった。すなわち，フィシュローの計算によれば，その割合は1839年49％，1849年40％，そして1860年にはいっきょに17％にさがっている。ニューオルリーンズで受けとられた西部食料品の絶対額は1850年ごろまで増加するが，鉄道の影響を直接受けた50年代には減少への道をたどった[33]。

　また，ニューオルリーンズの再輸出機能も低下した。ニューオルリーンズはもともと西部商品を受けいれて，それらを東部や外国へ再輸（移）出する機能を果たしていた。たとえば，1842年ニューオルリーンズに到着した西部食料品のうち37％だけが南部で消費され，のこる63％は再輸（移）出されていた。しかし，1860年になると南部消費が85％を占め，再輸（移）出はわずか15％となる。1860年に西部農産物のうち南部に向かったのは17％であったから，西部再輸（移）出品全体からみると，南部消費分14％，再輸（移）出分3％となる。同様の数字は1842年において南部消費18％，再輸（移）出31％，1849年において南部消費12％，再輸（移）出28％であった。1850年代終わりにはニューオルリーンズの再輸（移）出機能はまったく失われ，ミシシッピをくだる西部商品は，ほとんどもっぱら南部消費のためとなったのである。

　一方，ニューヨークとニューオルリーンズの価格を調べてみると，1850年小麦粉とラードにおいてニューオルリーンズ価格が低く，とうもろこしと豚肉，

牛肉においてニューヨーク価格が低かった。しかし1859年には，この5つの項目のすべてにおいてニューヨーク価格の方が安くなっている。また小麦粉と豚肉の大西洋岸諸都市の価格をみると，ほぼフロリダのキー・ウェストを分水嶺として，ニューヨークとニューオルリーンズに近くなればなるほど低くなっている。このことから南部東海岸向けの西部商品ですらミシシッピを経由せず，直接東部に向かい，海上を南下したと推測されるのである。[34]

ミシシッピ交易は1860年においてもなお繁栄をつづけていた。しかし，もはやそれはアメリカ経済をむすびあわせる大動脈ではなかった。ミシシッピにかわって東西をむすぶ鉄道と運河が地域間輸送の主体となった。ミシシッピはいまや主として南部内の輸送をつかさどるローカル幹線と変わったのである。

移動する西部交易中心地　南北戦争が終わったころ，ミシシッピから西への交易中心地はセントルイスに移っていた。ミズーリ上流の蒸気船航行は，浅瀬が多く，川岸が弱く，かつ流量が一定しないためかなりの技術を要したが，1860年にはフォートベントンまでの遡行が可能であった。セントルイスは，1869年ごろまでミズーリ上流の交易をほぼ一手ににぎっていた。西部商品の毛皮や金は，セントルイスをへて鉄道により東に向かった。また鉄道で運ばれた東部商品は，セントルイスからミズーリで北西に向かった。しかし1868年シカゴからの鉄道がスーシティに達すると，セントルイスの独占はくずれ，71年ごろにはすべてのミズーリ交易はスーシティではじまるようになる。しかし，スーシティの優位は長くつづかなかった。1873年ノーザン・パシフィック鉄道がビスマルクにいたるや，ビスマルクがミズーリの中心交易点となった。[35] このようにして，鉄道網が完成していくにつれて，西部との交易にミシシッピが果たした役割は減少していったのである。

かくしてアメリカ人の詩情をそそった「オールドマン・リバー」は西部がいっそう西に移動するにつれて，逆に南部のものとなった。ミシシッピの蒸気船は大型化すると同時にスピードも増し，南部人の夢をかきたてる存在でありつづけた。しかし，ミシシッピは次第に重要な輸送路としての生命を終えつつあった。1880年ごろには南部の綿花でさえ，ミシシッピをくだらず，それを横切

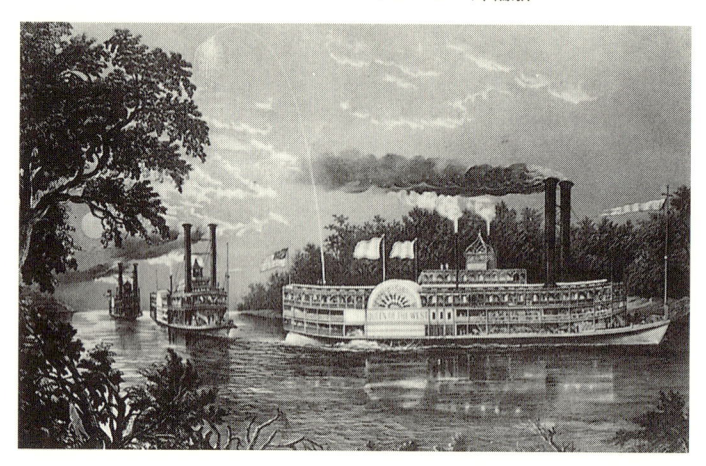

図3-3 ミシシッピ河をはしる外輪船

って鉄道によって東部にはこばれるようになった。1905年，かつてはミシシッピ交易の一大中心地であったセントルイスにおいて，鉄道輸送は河川輸送の100倍以上にもなっていた。[36]

交通の進歩は人口の移動や経済の発展につながるが，交易のパターンも変える。西部を東部と結んだ鉄道が幹線輸送路のミシシッピの幕をおろしたのであった。

5　河上の競争

速力をきそった蒸気船　ミシシッピに最初の舟が現われて以来，人々は河上の競走に拍手をおくってきたにちがいない。しかし競走がしばしば行われたのは，蒸気船の時代になって運航会社のあいだに競争がはじまってからであった。速力があるという評判は，乗客や貨物の誘致に効果的であった。与えられた技術水準のもとで，人々はもっとも速い船をつくろうとして構造上の無理をおかし，競走に勝ったとたんに船が爆発するというような事故もたびたび起こった。そのたびに新聞は大さわぎするのであった。

そのころのミシシッピ航行にはいつでも危険がともなった。水先案内人をしたこともあるサミュエル・クレメンス（マーク・トウェイン）は，つぎのように書いている。

この太陽をみれば，明日は風になるだろう。流木は水かさが増えることを意味する。……水中にななめに立ったしるしは，とがった岩がそこにあって，いつかの夜蒸気船を破壊しかねないところだ。……沸騰しているようにみえるところには砂州があり，流れが変わる。向うの滑らかな水の流れとうずは危険な浅瀬だ。森のかげの銀色にみえる流れは，新しい沈み木がつくった段落だ。まったく蒸気船をのみこむのに最適のところにあるものだ。

有名な一騎うち　そんななかで，蒸気船ナチェッツ号とロバート・リー号との，歴史的に有名な一騎うちがはじまった。ニューオルリーンズに住むおおよその市民はミシシッピ河の岸辺にあつまり声援をおくったといわれる。

結論から先にいえば，勝負は2隻の蒸気船のどちらかが勝ったとも明確にはいえなかった。記録ではニューオルリーンズからセントルイスまで，ロバート・リー号が3日と18時間14分，ナチェッツ号は4日と41分かかったことになっている。しかし，記録の差はたいした意味がない。ニューオルリーンズから1060マイルはなれたカイロまでは，1，2分をあらそう競争であったが，やがてミシシッピ名物の濃い霧が立ちこめ，お互いに相手を見失ってしまった。ナチェッツは安全を第一と考え，岸辺に霧をさけて数時間停泊したのである。ナチェッツもロバート・リーが走りつづけていると知ったならば無理をしたであろうし，無理を承知で乗客をのせたまま危険をおかしたロバート・リーが責められるべきであろう。しかし，ミシシッピの数ある難所をレーダーもなしにつっぱしった勇気はたいしたものであった。勝敗はそれこそときの運であった。

技術の進歩はとどまるところを知らず，蒸気船はますます大型になり，速力も増していった。ロバート・リーもナチェッツもすぐ旧式船となり，新しいロ

バート・リーとナチェッツが建設され，あらゆる点での大規模な改良がおこなわれた。しかし，世紀の大競争の主役であったキャノン船長は1882年に，そしてレザース船長も1896年に死んだ。レザース船長が死んだとき，新聞は「まさしく世紀の死のように感じる」と書いた。それは，ちょうど鉄道網の完成によってミシシッピが輸送幹線としての役割を終わろうとしているときであった。

ニューオルリーンズは筆者が好きな町のひとつである。鉄道網が完成してからのミシシッピは，しばらく火の消えたような存在であったが，今日では昔の繁栄をとりもどしている。ニューオルリーンズ港の最大の取引相手は，現在日本である。バージにつまれて河をくだる石炭や穀物は，ニューオルリーンズ港で外洋船につみかえられ，つぎつぎと日本に送られる。しかし，もう観光用の外輪船をのぞいて，蒸気船の姿はない。観光船のうえで派手な声をあげている連中のなかにも，かつてミシシッピで，2人の男と2隻の船が死にもの狂いの競争をしたことを知っているものはない。

▶注

1) Taylor〔15〕p. 158.
2) *Ibid.*, p. 57.
3) Johnson, et al.〔9〕vol. 1, p. 242.
4) *Ibid.*, p. 242.
5) Taylor〔15〕p. 63ff., p. 158ff.
6) Wellman〔17〕pp. x-xi.
7) Taylor〔15〕p. 160.
8) Bidwell and Falconer〔2〕p. 306.
9) この項 Taylor〔15〕p. 161.
10) Johnson, et al.〔9〕p. 231.
11) Taylor〔15〕p. 163.
12) Johnson, et al.〔9〕p. 244
13) Fishlow〔5〕p. 262ff.
14) この点で通河が大量の移民を西部に運んだことに注目しなければならない。
15) Bidwell and Falconer〔2〕p. 308.

16) 運河を重視する見解はヒーリーやグッドリッチによって発表されている。ヒーリーは，鉄道よりは運河が南北戦争前の「人口と経済活動のおどろくべき再配分」をもたらしたという。またグッドリッチは「忘れてはならないことは，運河交通によって生じた馬車輸送との比較における費用の最初の下落は，その後生じた鉄道と運河との格差よりも大きかったことである。この低下は東と西との間の実質的な交易の開始にとって決定的であった」という。Kent Healy〔8〕pp. 187-188 ; Carter Goodrich〔7〕p. 249.
17) Fishlow〔5〕pp. 277-279.
18) Reed〔13〕p. 3.
19) *Ibid.*, p. 8.
20) Chandler, Jr.〔3〕p. 21.
21) Taylor〔15〕p. 52.
22) *Ibid.*, pp. 85-86. 1860年にはまだ300以上の鉄道会社があり，それぞれの会社によってゲージに相違があり，鉄道相互の連絡線がないばあいも多かった。Taylor and Neu〔14〕p. 3ff.
23) Fishlow〔5〕p. 262.
24) Reed〔13〕passim.
25) Taylor〔15〕p. 79の表から算出。
26) 後年のことになるが，1890年についてのフォーゲルの計測によると，地域間農産物交易において鉄道は運河よりも輸送費が高く，鉄道による輸送費節約はマイナスであった。したがって，鉄道の運河に対する優位性は，貨物損耗の減少，積みかえ回数の減少，補助的な馬車輸送距離の短縮，輸送時間の節約および冬期凍結のないことによる在庫節約などによるのである。Robert William Fogel, *Railroads and American Economic Growth : Essays in Econometric History*, The Johns Hopkins Press, 1964, Chapter Ⅲ.
27) Taylor〔15〕pp. 134-135. なお鉄道運賃については，MacGilll〔12〕p. 576, p. 581ff.
28) Taylor〔15〕p. 139, p. 443.
29) U. S. Census Office〔16〕p. 26.
30) Fishlow〔5〕p. 263.
31) Johnson, et al.〔9〕pp. 244-248.
32) Fishlow〔5〕p. 293.
33) Albert Fishlow〔4〕. Also Andreano〔1〕p. 191 in the latter.

34) Fogel [6] pp. 201-209.
35) Lass [11] *Passim.*
36) Kirkland [10] p. 374.

▶参考文献

[1]   Andreano, Ralph L., ed., *New Views on American Economic Development: A Selective Anthology of Recent Work*, Schenkman, 1965.

[2]   Bidwell, Percy Wells and John I. Falconer, *History of Agriculture in the Northern United States, 1620-1860*, Carnegie Institution, reprint edition, 1941.

[3]   Chandler, Jr., Alfred D., *The Railroads: The Nation's First Big Business*, Harcourt, Brace & World, 1965.

[4]   Fishlow, Albert, "Ante-Bellum Interregional Trade Reconsidered," *The American Economic Review*, LIX, May 1964.

[5]   ———, *American Railroads and the Transformation of the Ante-Bellum Economy*, Harvard University Press, 1965.

[6]   Fogel, Robert William, "A Provisional View of the New Economic History," Ralph L. Andreano, ed., *New Views on American Economic Development: A Selective Anthology of Recent Work*, Schenkman, 1965.

[7]   Goodrich, Carter, ed., *Canals and American Economic Development*, Columbia University Press, 1961.

[8]   Healy, Kent, "American Transportation before the Civil War," Harold Williamson, ed., *The Growth of the American Economy*, Prentice-Hall, 1951.

[9]   Johnson, E. R., T. W. Van Metre, G. G. Huebner and D. S. Hancher, *History of Domestic and Foreign Commerce of the United States*, 2 vols., Burt Franklin, 1915.

[10] Kirkland, Edward C., *A History of American Economic Life*, 3rd ed., Appleton-Century-Crofts, 1951.

[11] Lass, William E., *A History of Steamboating on the Upper Missouri River*, University of Nebraska Press, 1962.

[12] MacGilll, Caroline E., *History of Transportation in the United States*, Carnegie Institution, reprinted in 1948.

[13] Reed, Merl E., *New Orleans and the Railroads*, The Louisiana State University Press, 1966.

[14] Taylor, George Rogers and Irene D. Neu, *The American Railroad Network, 1861-1890*, Harvard University Press, 1950.

[15] Taylor, George Rogers, *The Transportation Revolution, 1815-1860*, Rinehart & Co., 1951.

[16] U. S. Census Office, "Influence of Railroads upon Agriculture," *Census of 1860, Agriculture*; Alfred D. Chandler, Jr., *The Railroads: The Nation's First Big Business*, Harcourt, Brace & World, 1965.

[17] Wellman, Manly Wade, *Fastest on the River*, Henry Holt and Co., 1957.

第4章 産業主義とソーシャル・ダーウィニズム

1 アメリカ経済の変貌

急速な経済発展　南北戦争後から20世紀はじめにかけて，アメリカ経済は急激な発展をとげた。1929年価格でみた1869年の国民総生産は70億ドルであったが，1903年には377億ドルと，5倍以上になっている。そのなかでも，1869～70年の軽度の景気後退から1881～83年の好景気までは年率ほぼ9％，1893年の金融恐慌ののち1903年までは，年率6％の割合で国民総生産が増加している。これらの成長率は，アメリカ史上空前絶後といってよいほど高いものであった。このような高度の成長は，いったい何によって達成されたのであろうか。

1870年から1900年までの業種別就業労働者を調べてみると，農業に従事する人たちの数は，1870年には全体の約半分であったが，1900年には3分の1近くにまでさがっている。一方，増加のいちじるしかったのは交通，公益事業，製造業，商業および金融，鉱業などである。このことから経済の急速な拡大が，これらの産業の発展によってささえられたことがわかる。

南北戦争直後の鉄道ブームは，1867年にはじまり72年にピークに達する。その後，鉄道投資額は割合としては低下するが，それでも1870年代をつうじて国民粗資本形成の約20％を占めていたし，80年代でも15.6％であった。鉄道の軌道延長も，1860年の3万1000マイルから1890年の16万7000マイルへ増加した。鉄道につづいて公益事業と市街鉄道への投資が増加した。1877年には電話，82年には電燈と電力，87年には電車が導入された。これらの技術革新は，鉄道ブ

ームを引きつぐ役割を果たした。その他, 10年に2倍以上の割合で増加した鉄鋼をはじめとして, 食品, 化学, 機械などの産業ののびはめざましかった。製造業の付加価値は1859年の8億5426万ドルから99年の54億7489万ドルへ増加した。フリッキーの数字にしたがって生産指数をとってみると, 1899年を100とすれば, 1860年はわずかに16, 70年25, 80年42, 90年71である。いかにはやく製造業が発展したかがわかる。それにともなって製造業に動力や原料を供給した鉱業, 販売や金融を担当した商業, 金融業も拡大したのであった。

このような急速な経済発展は, アメリカ全体に深刻な社会的心理的影響をもたらさずにはおかなかった。

大規模の経済性と企業集中 この時代に生じた多くの技術革新は小規模の生産よりは, 大規模の生産を有利にするようなものであった。商品やサービスが大量に生産されると費用が節約され, 単価が低下する。したがってこの時代, 工場の平均規模は次第に大きくなり, また同時に企業の規模も大きくなっていった。

もっとも, 大規模生産の有利性は技術的なものに限らず, 金銭的なものも少なくなかった。大会社は低い金利の金を借りることができたし, 鉄道から多額のリベートを受けとることもできた。またプールや, トラストを組織して競争を制限し, 売値をつりあげることも不可能ではなかった。今日のアメリカとちがって, 政府による制限もまったくなかったために, 大規模の節約がときとして強欲に達成されたのであった。

クリーヴランドの会社員であった24歳のロックフェラーが, はじめて精油所を建設したのは1863年であった。彼は鉄道からリベートを受けとって競争上の優位性を獲得し, 1870年にはスタンダード石油会社を設立し, 次第に他の石油会社をトラスト形式によって傘下におさめ, 数年後には石油業の90％を支配するにいたった。1873年にはカーネギー鉄鋼会社が設立された。カーネギーは貧しいスコットランド移民の子であったが, 電信技師や鉄道員の経験をへて鉄鋼業に進出, 鉄道からリベートをとったり, 石炭業者とむすんで経費の節減をはかると同時に, 製鉄業に関連する鉱山や輸送機関を支配下におき, 縦の結合を

つくった。1901年彼はこの会社を金融業者のモーガンに4億ドルで売ったが、モーガンはそれを中心に他の鉄鋼会社や関連企業を併合し、U.S.スティールをつくりあげた（第5章参照）。このような集中化の傾向は石油や鉄鋼に限らずアメリカ全般にわたり、いわゆる「ビッグ・ビジネス」の時代を到来させたのであった。

これらの大会社は、今日ではとうてい考えられないほどの市場支配力を獲得した。そして1902年以降今日まで、多少の曲折はありながらも、全体としてみた企業集中度に大きな変化がみられないことを考えると、20世紀のはじめごろには、現在のような産業構造の基盤が確立したとみてよいであろう。

都市生活と労働者　この時代のアメリカの人口の伸びは諸外国にくらべてはるかに大きかった。1860年に3000万であった人口は、1900年には7600万になった。そのうち、この40年間にアメリカに到着した移民は1900万に達した。19世紀の終わりごろには次第に北欧、西欧からの移民が減少し、東欧、南欧からの移民が増加した。彼らはカトリック教徒であるかギリシャ正教徒であり、議会や選挙というような民主政治を知らず、本国での生活水準や教育程度も低かった。西部へ向かう金もなく、またフロンティア自体も消滅しつつあったので、彼らは東部の工業都市に定着して未熟練労働者となり、急速な工業発展のために必要な労働供給源となった。

産業と交通発展の結果、この時期における都市の膨張はめざましかった。1860年から1900年のあいだに農村人口は2500万から4600万に増加したが、都市人口は600万から3000万にふえた。人口5万以上の大都市は、1860年には全国で16にすぎなかったが、1900年には109をかぞえた。1900年にはニューヨーク市の人口は300万をこえ、シカゴも100万に達した。その60年前の1840年にはニューヨークでも40万、シカゴにいたってはセンサス（国勢調査）に記載さえされていなかったのである。これらの都市の交通は、乗合馬車から馬車鉄道、電気鉄道へと代わっていったが、馬糞の臭いと、主として新しく到着した移民たちが住むスラム街は都市のトレード・マークとなっていった。換気が悪く、火災の危険も大きいスラム街ではときに伝染病が猛威をふるうこともあり、当然

のことながら犯罪も増加した。都市の政治もまた腐敗し，少数のボスによって支配される都市は後を絶たなかった。

さて，このような急速な工業化の結果，所得分配はどうなったであろうか。労働者の賃金や生活水準はあがったであろうか。所得の分配については経済学者のあいだにも一致した見解がなく，推計結果も確定した証拠を示していない。しかし，この時期に実質労働賃金が緩慢にではあるが，着実に上昇したことでは学者の意見が一致している。1860年から1890年のあいだに平均賃金は約68.2％上昇した。一方，生計費の値上がりはごくわずかであった。1）1日の平均労働時間も11時間から10時間に減少している。

しかし，問題は賃金にあるのではなかった。工業時代がくる前は，凶作や破産などで極貧におちいっても，低賃金さえいとわなければ働くことはできたし，他の土地に移ってやり直すこともできた。しかし，いまや事情は一変した。経営者は，労働者の身の上に何が起ころうと責任を感じる必要はなくなったし，西部の門戸も閉されつつあった。彼らはいったん職を失うと，どうすることもできなくなってしまう。1880年代を中心に，大規模なストライキが頻発した背景もこのようなところにあった。そのなかでアメリカ労働総同盟（AFL）がその漸進的な経済主義をもって，より戦闘的な労働騎士団にとって代わっていった。

富裕者の出現　所得分配について統計的な証拠がなくても，この時代に南北戦争前には，考えられもしなかった大金持ちが出現したことは疑いなかった。富の集積は何らの障害もなしに，しかも多くのばあい，きわめて強欲に達成されたのであった。

1845年モーゼズ・イェール・ビーチによって発行されたニューヨークで「資産10万ドル以上と推定されるもの」の名前（約950人）のなかに，21人の百万長者がいた。2）もし，他の都市でも調査がおこなわれていたとすれば，あと20人ばかりがこのリストにくわわっていたであろうと推定される。一方，1892年『ニューヨーク・トリビューン』紙が調査したところ，その年のアメリカの百万長者は4000人にも達していた。1840年の富裕者の基準は10万ドルであった。

1890年にそれは少なくともその10倍になっていた。1890年社交界に出入りした ウォード・マッキャリスターは、「ニューヨークで金持ちとよばれるための値は、1000万，5000万，1億ドルと（近ごろ）とんでもなくとびあがってしまった。そして，そうよばれる必要からぜいたくがそれにつづいた」と書いている。

1873年マーク・トウェインは『金ぴか時代』という小説をかき，産業の急激な発展と物欲の横行，機械文明下の風紀の頽廃，政治の堕落，虚栄と愛欲のあらそいなどをとりあげて痛烈に批判した。今日われわれがこの時代を「金ぴか時代」とよぶのはそのためである。また実業界にも「損をしてまで名誉をまもる必要はない」と考えた少なからぬ数の人たちがいた。彼らはときに政治と密着し，群小投資家や消費者をあざむき，労働者を圧迫した。もちろん，この時代のすべての企業家が不正直な悪漢であったわけではない。また企業家たちがいかに批判されようと，彼らはアメリカ経済を発展させた主体であった。しかし後年この時代に強欲に私利私欲を追求した人たちを「盗賊貴族（ロバー・バロン）[3]」とよぶのがふつうとなった。

成金ヴァンダビルト　オランダ系アメリカ人コーニリアス・ヴァンダビルトは，1845年のリストでは120万ドルの資産をもっていた。1813年に彼がニューヨークの波止場で渡し舟を運航しはじめたとき，彼は貧乏な両親から100ドルの金を借りなければならなかった。彼はよく水夫相手に，「だれも2万ドル以上の財産をもつべきではない」という演説をぶったものであった。

1848年に船のりコーネルは「船長」ヴァンダビルトになっていた。彼はロング・アイランド海域で，いちばん大きい蒸気船の運航業者であった。彼はいまや「富の集中を人民の利益に反するとして非難する急進主義者たちを，腹だたしい驚きの眼でながめた」と伝記作家アーサー・スミスは書いている。「あいつら」のいうのを聞いていると「人間は自分がもっているものに対してまるで権利がないみたいじゃないか」。

1853年，「船長」コーネルは「航海王」ヴァンダビルトとなっていた。彼は1100万ドルの財産を背景に，無知なヨーロッパ人を教育しようとして豪華をき

わめたノース・スター号を建造し、壮大な休暇の旅にでかけた。彼はそれによって、「ヤンキー国家の評判を高め」ようとしたのである。イギリスの『ロンドン・デイリー・ニューズ』紙はヴァンダビルトの航海について、およそ次のように書いた。

　ヴァンダビルトをメディチ家やフッガー家と比較するのはあやまりである。彼らは例外的現象であり健全なものではなく、政治的統一体にできた大きなこぶにすぎなかったが、ヴァンダビルト氏はアメリカの正統な産物であり、アメリカはヴァンダビルト氏のような人物を、大小こそあれ、多数生みだしている。いまや百万長者がみずからの手でつくった財産を恥じるときはすぎた。成金は名誉ある言葉とみなされるべきである。

　ヴァンダビルトが1877年に死んだとき、1億5000万ドルの財産がのこされていた。1880年代のなかばには、ニューヨークの五番街の西側7区画にヴァンダビルト一族の大邸宅が7つあり、その7軒をあわせればそれだけで優に1200万ドルをこえるねうちがあった。その他に彼らは数多くの別荘をもっていた。彼らはブルボン王朝をのぞけば、ヨーロッパのどの王家よりも多額の金を自分たちの住居に投じていた。ヴァンダビルト家の一人ジョージは、科学的農場経営や林業経営に関心をもっていたが、90年代なかばの農務長官スターリング・モートンは、「彼は私が農務省で使っているより、たくさんの人間をつかっている。私の省に議会が割当てる予算よりも多額の金を投じている」と述べて、羨望をまじえた敬意を表したのである。

　ヴァンダビルトの成功とその成金趣味、そしてヴァンダビルト自身の思想の変化は、産業主義の結果として生じたアメリカの富裕階級の代表選手たるにふさわしいものであった。

産業主義と個人主義　　1872年ウォルト・ホイットマンは、次のように書いた。「デモクラシーは、非常に貧乏な人、無知な人、そして破産者や失業者を、疑惑の、そして不満の眼でながめる」。彼は「ビジネス階

級の腐敗は，予想を決して下まわるものでなく，無限に大きい」ことを認めていた。しかし，後ろ向きの姿勢になってはならなかった。「私は，同様に，ビジネスの極度のエネルギーと，合衆国にみられるようなほとんど狂的なまでの富への欲求が，私が求めるまさしくその結果の準備をするのに欠くことのできない改良と進歩の一構成部分であるというとことを確言できる」。

アメリカでは，個人的な富の追求を認める風潮は根深い。ピューリタンたちがすでに，多額の財産が，その管理の義務と同時に，祝福されたものへの報酬であるという信仰をもちこんでいたし，フランクリンの世俗的格言が多くの少年を「富への道」へかりたてた。理想の愛国者ワシントンが，当時随一の資産家であったという事実は良い実例を提供した。したがって，独立独行の「セルフメイド・マン」の成功する機会が次第に少なくなった時代になっても，富は資質と能力の産物であるという信念は，なかなかゆるがなかった。

19世紀後半，子供のために多くの出世物語を書いたホレーショ・アルジャーのテーマはいつでも，まじめで勤勉な少年がいかにして，ぼろをまとった境遇から出発して巨万の富を得るにいたるかということであった。そして，その唯一の道は正直と勤勉と節倹であった。もっとも，主人公が大金持ちになる最後の部分は，いつでも思いがけない遺産を相続したり，人を助けて資金を贈与されたり，というように正直と勤勉が運をひらき，それによって資金が獲得されるという筋書であった。そこに伝統的な道徳主義といわゆる「資本主義」との妥協があった。

1860年，超絶主義（トランセンダリズム）の哲学者ラルフ・ウォルドー・エマソンはつぎのように書いている。

　　各人は……富裕になるべく生まれる。……貧窮は士気をくじく。……説教師と新聞は，富を渇望することを攻撃するなどの点で共通している。しかし人がこれらの道徳家のことばをそのままにとって，富を追求するのをやめたとすれば，道徳家たちは文明が崩壊するのをふせぐため，かならず人々の富の力への愛に再び火つけようとするであろう。

富への渇望はたとえそれが悪であるにしても，文明の発展のために必要な悪なのであった。

アメリカで受けいれられないインテリを代弁したチャールズ・ノートンは，1869年「経済主義の企業，無制限の競争，そして抑制のない個人主義のわれわれの時代が，人類の進歩の最高の段階であるかどうか疑わしい」と書きながら，1883年には，「ヨーロッパで私は，デモクラシーの進歩によってもたらされた害悪に，心の痛みを感じざるをえない。その害悪とは，古い寺院の破壊，美の無視，個性の消滅，礼儀作法の衰退などである。この国〔アメリカ〕でわれわれは失うものが少ししかないので，後悔するものも少ししかない。安楽の普及と平和と繁栄のもとに生活している5000万の人間の壮麗で，前例のない光景は，ある面では高い文化や高遠な理想や創造的な生活をおぎなってあまりある」と述べている。

このようにして，成功すなわち富の獲得であるという考え，そしてそれはすなわち人類の進歩に貢献するのであるという考えは，産業主義の時代をむかえて，一般的に受けいれられるアメリカの哲学となりつつあった。そしてこの時期に出現した生物学のひとつの法則が，その哲学の普及に援用されることとなった。それがダーウィニズムであった。

2　ソーシャル・ダーウィニズムとは？

自然科学と思想史　歴史をみると，自然科学における新しい理論が学問の内的発展の範囲をこえたひろい影響をもち，人々がその理論を理解するしないにかかわらず，古い考え方を崩壊させて新しい思想体系をつくりだしたばあいが少なくない。ニュートンの力学やアインシュタインの相対性原理はその顕著な例である。ダーウィンの進化論もまたそうであった。それは科学の体系をはなれて人間についての理論や政治哲学となり，社会発展の一般的法則とまでみなされるようになった。ダーウィニズムの時代の人たちは，人類学者であれ，社会学者であれ，歴史家であれ，政治学者であれ，経済学者

であれ，ダーウィニズムの概念が自分たちの学問領域において何を意味するかを考えなければならなかった。ダーウィンをはなれて，およそ学問は成立しなかったのである。

アメリカでは，19世紀の最後の30年と20世紀のはじめの時期を，ダーウィニズムの社会的適用という意味で，ソーシャル・ダーウィニズムの時代と考えている。イギリスはダーウィンをそだてたが，アメリカはそれをもっともはやく社会的に受容したといわれる。ダーウィンの母校ケンブリッジが彼に名誉学位をあたえる10年も前の1869年に，アメリカ哲学会は彼を名誉会員に遇している。ダーウィニズムを生物学からきりはなし，進化論を社会発展の理論として体系化したハーバート・スペンサーは，その母国のイギリスでよりも，アメリカではるかに有名であった。アメリカ人がヨーロッパの新しい思想の吸収に貪欲であったというより，アメリカ人の知的生活のなかにダーウィニズムを受けいれ易い体質があったのであろう。そのころのアメリカは，産業主義の花の下の金ぴか時代であった。経済的「保守主義」は強かった。また南北戦争を終えたアメリカは政治的安定を欲していた。そしてダーウィニズムは，アメリカにおける保守的な「資本主義」を合理化するための理論として役立つように思われたのである。

保守的な「資本主義」の精神的支柱としてのソーシャル・ダーウィニズムが成立してからのち，その「保守的」性格に対する攻撃がはじまった。その批判はダーウィニズムそのものを否定するのではなく，むしろダーウィニズムを保守的なソーシャル・ダーウィニストの手からうばいかえす目的をもっておこなわれた。批判者たちはダーウィニズムの含意が，保守的なソーシャル・ダーウィニストが主張するものとは，まったく異なったものとなりうることを証明しょうとしたのである。

ダーウィニズムの到来　ダーウィンが『種の起源』を出版したのは1859年のことであった。それはアメリカでもまず学界においてとりあげられ，かなりの論争を生んだ。しかし全体としてみると，ダーウィンの支持者たちは日を追ってふえた。

地質学では1870年代までに化石の収集がすすみ，イェール大学のオスニエル・マーシュのように，馬の進化を跡づける学者も現われた。人類学では1876年にルイス・ヘンリー・モーガンが『古代社会』を書いて人類進歩の公式を提示し，家族や国家，私有財産の起源を論じて，海の彼方のエンゲルスに影響をあたえた。ダーウィンの影響のもとに心理学にも変革が生じた。人間の知的，審美的，道徳的能力が奇跡によって生じたのではなく，長いあいだにわたって自然に発達してきたものであると考えられるようになり，人間心理の客観的分析がはじめられた。

ダーウィニズムがもっとも深い混乱を引き起こしたのは，神学者や宗教界の人たちのあいだであった。ファンダメンタリスト（聖書の文字をそのまま信じる人たち）は，ダーウィンを聖書の創世記の記述を否定する無神論者であるとして感情的に反発した。プリンストン大学の神学教授ダフィールドは，「進化論は聖書にある人の起源説とは相容れない。……それを受けいれるものは……来世において，この世で〈神を知らずまた神の御子の教えにも従わない〉ものどもとその責を分担するであろう」と述べた。しかし一方，進化論と神学との調和をもとめて努力した進歩的な人たちも少なくなかった。

ハーバート・スペンサー　ダーウィンを受けてそれを社会進歩の理論として体系化したのは，ハーバート・スペンサーであった。その意味でスペンサーはダーウィン以上にひろい影響をあたえた。1862年から96年までにわたって出版された全10巻の『総合哲学（*Synthetic Philosophy*）』は，アメリカでは超絶主義とプラグマティズム（実用主義）とのあいだの思想的空白を埋めた。クーリーは，1870年から1890年のあいだに社会学の世界にはいった人のなかで，スペンサーの『社会学研究（*The Study of Sociology*）』の刺激を受けずにそれをはじめたものはなかったという。1860年代から1903年末までのあいだに，アメリカにおけるスペンサーの書物の販売数は36万8755冊に達した。哲学や社会学というような難解な書物で，これほどの販売高をあげるというのはまったく稀有のことであった。

スペンサーの演繹体系の出発点は，物理学におけるエネルギー不変の法則で

あり，それはまた彼によれば力の永続の法則であった。その力は，物質と運動のかたちをとって現われる。全宇宙を貫徹するもっとも普遍的な原理は，「進化」の原理である。進化とは物質の結集，すなわち連関の増大であり，それにともなう運動の消散である。物質は，単細胞動物から高等動物への進化のように，無規定な連関なき同質性から，規定的な連関ある異質性へと進化する。進化は平衡を達成してやむが，すぐ解体の過程がはじまる。解体とは物質の分解であり，それにともなう運動の収集である。全宇宙にはこのような進化と解体との振子運動が果てしなく継続する。

ところでスペンサーによれば，実在者の根本的本性は不可知である。これにたずさわる自由をもつのが宗教である。科学の進歩とともに不可知の領域は後退するが，それにもかかわらず，実在者は不可知でありつづける。一方科学者は，宗教に拘束されることなく，自由に科学の追求にすすむことができる。スペンサーによるこのような科学と宗教との領域の規定は，科学を宗教から解放することに役立った。

スペンサーは，進化の生物学的法則を社会に適用した。社会の原則も宇宙原則と同じであり，ダーウィン的適者生存が貫徹する。彼はマルサスの影響を受けたが，その悲観論は無視し，人口の圧力による生存競争は社会全体に利益をもたらすと考える。なぜなら，技術のあるもの，知性や自制心にすぐれたもの，新しい技術を社会に応用するものが生きのこり，それによって社会の進化が達成されるからである。このようにして，彼は適者生存を社会科学で利用される専門語に仕立てあげたのであった。

このような進化の過程は，スペンサーによれば必然であった。したがって，人間がそれに適合するように生きることを学ばねばならない。スペンサーは救貧法や，国家による教育の援助や衛生，医療などの改善，また関税，国有銀行，国家による郵政事業などに反対した。

スペンサーによれば，科学としての社会学の仕事は，社会進化の正常の過程をえがき，それが所与の政策によっていかにゆがめられるかを示し，自然の過程に干渉する行動のすべてを批判することにあった。

ユーマンズとカーネギー　アメリカにおけるスペンサリズムが最高潮に達した1882年，スペンサーはアメリカを訪問したが，帰国に際してユーマンズとカーネギーの手をとって，「ここに2人の私の最良のアメリカ人の友人がいる」と述べた。

ユーマンズは科学的な主題についての，人気のある著作家であり講演者であり，いちはやくダーウィニズムの洗礼を受け，その大衆化に大きく貢献した。彼の主張はきわめて「保守的」であった。彼は，1872年8時間労働を要求してストライキをおこなった労働者たちを非難し，「労働者は文明の精神を受けいれなければならない。それは平和的であり，建設的であり，理性によって統制され，徐々に改良に向かい，かつ進歩的なものである。大きな，急激な利益をめざした法制的暴力的な方法ははっきりと幻想的なものである」と論じた。ヘンリー・ジョージの『進歩と貧困』の出版後数年たったある日，ユーマンズはジョージのいる前でニューヨークの政治的腐敗を攻撃し，利益があるとみれば腐敗を促進させかねない金持ちたちの利己主義を非難した。ジョージがそれに対する対策を尋ねると，ユーマンズは，「何もしてはいけない。君も私も何もできはしない。それはすべて進化の事項である。われわれにできることは進化を待つだけである。4000年か5000年のうちに進化が人間をしてこのような状態をきりぬけさせるかもしれない」と述べたという。

カーネギーもスペンサーの熱心な信奉者となった。彼は，自伝でダーウィンとスペンサーを読んだときのことを書いている。「私は光が洪水のようにふりそそぎ，すべてがはっきりしたことを覚えている。私は神学や超自然的なものから逃れえたのみでなく，進化の真実を発見した。〈すべてはそのままでよい。なぜならすべてはより良く生長するからである〉は，私のモットーとなり，なぐさめの真の源となった。人間は退化の本能をもって創造されたのではなく，低いところからいっそう高いところへと昇ってきたのである。人間の完全への道に何らの考えられうる終わりはない。彼の顔は光に向けられている。彼は日のなかに立ち，上を見上げるのである」。カーネギーは，「私がスペンサーを個人的に知りたいと思ったよりも強く，誰かが別の人を知りたいと欲したことは

ないであろう。なぜなら，私ほどスペンサーとダーウィンに深く負っている人はないだろうからである」と告白する。

カーネギーは1889年『ノース・アメリカン・レヴュー』誌に大論文を書き，競争の法則の生物学的基礎を強調した。彼はいう。この法則のきびしさにいかに反対しようとも，われわれはそれを避けることはできない。その法則に代わるものもない。その法則はときには個人に対し手きびしいかもしれぬ。しかし，それは民族にとって最善なのである。なぜなら，それはあらゆる部門における適者生存を保証するからである。「個人主義，私有財産，富の蓄積の法則，それに自由競争の法則（これらを彼は大文字で書いた）……は人類の経験の最高の成果であり，社会が今日まで最上の実をみのらせた土壌である。これらの法則は理想主義者には不完全にみえるかもしれないが，それにもかかわらず，最高の型の人間のように，人類が生みだした最上の，そして，もっとも価値あるものである」。

3　サムナーとウォード

ウィリアム・サムナー　アメリカでもっとも影響の大きかったソーシャル・ダーウィニストは，サムナーであった。サムナーははじめイェール大学およびヨーロッパで神学をおさめ，のちに経済学から進化論的社会学に関心をうつした学者であった。彼のなかには清教徒的な説教者と，リカード，マルサスにならった古典派的ペシミストと，進化論の熱心な普及者という3つがむすびあわされていた。

母校イェールの教授となったサムナーの教室は，ソーシャル・ダーウィニズムのメッカとなり，彼自身も多くの論文や著書できわめて効果的にソーシャル・ダーウィニズムを解説した。サムナーのソーシャル・ダーウィニズムはスペンサーのそれのように壮大ではなかったけれども，いっそう大胆であり，いっそう率直であった。

サムナーはマルサスにしたがって，人間社会の基礎は人と土地との関係にあ

ると考える。人間に比して土地が大きいときには生存競争はきびしくなく，民主的な制度が一般的となりうる。しかし土地が稀少になるとき飢えがはじまり，軍国主義や帝国主義がはびこり貴族政治が支配的となる。

　人間が土地に適合しようとして競争するとき，人間は自然を支配するリーダーシップを獲得しようとして競争する。自然支配のための生存競争において有利な地位は，資本を蓄積することによって得られる。資本は自己否定によってのみ蓄積される。その所有が優位性を保証するのでなければ，どうしてより秀れた人たちが資本を蓄積しようとするであろうか。隣人が自分より多くのものをもっているからといって非難するのはあやまりである。なぜならある人の金銭的な成功は，他の人が自己否定をすることによって資本を蓄積するさまたげにならないからである。このようにして生存競争は人間のあいだの直接の競争ではなく，むしろ自然から生存の手段を得るうえでの優位性を獲得する競争となる。

　そう考えれば，競争は人間が進歩するためのもっともすぐれた，しかも唯一の方法となる。サムナーは，自由，とくに競争というかたちでの自由に恐れをいだいている経済学者たちを戒める。彼らは自由が弱者に苛酷に作用すると考えるが，彼らは強者と弱者が勤勉なものと怠惰なもの，あるいは倹約家と浪費家に対応する以外には定義されえないことを見逃しているという。自然界における生存が強さの結果であるのと同様，人間社会における成功は徳への報酬である。

進歩と適者生存と富　このようにして自然界における適者生存の法則は人間社会においても貫徹し，社会進歩の法則となる。「もしわれわれが適者生存を好まないならば，その結果は不適者生存である。前者は文明の法則であり，後者は反文明の法則である。社会主義者や社会改良主義者が不適者をそだて，しかも文明を前進させようとこころみても，それは不可能である。われわれは自由，不平等，適者生存という道か，非自由，平等，不適者生存の道かどちらかを選ばなければならない。前者の道は社会を前進させ，その最良の成員を援ける。後者は社会を後退させ，その最悪の成員を援ける」。

サムナーにとって、富は生存競争における成功のしるしである。今日富裕者の手に蓄積された富は、彼らの能力に対する正当な賃金である。「百万長者は自然陶汰の産物である。それはなされなければならない仕事の要件をみたしうる人物を人間全体が選びだす過程である。……それは社会全体に対して良いことである」。社会の前進は、蓄積された富が正しく受けつがれてゆくことによって達成される。自然界における遺伝と同じく、遺産によって、徳のある勤勉な人たちは、子孫にその徳を受けつがせてゆくことができる。遺産相続に対する攻撃は、社会の構成単位である家族に対する攻撃であり、人間を豚にしようとするこころみである。

サムナーは、スペンサーから借りた決定論によって、社会改良主義者たちを攻撃する。社会は何世紀にもわたる徐々の進化の産物であり、立法によってその方向を急に転換させることは不可能である。「われわれはすべて時代の子であり、それから逃れることはできない。われわれは大きな流れのなかにあり、それとともにゆれ流されるのである。科学や哲学は、その流れから生まれでるものである。したがって、それはわれわれがとりかえようとしてもとりかえられないものである」。ペンと紙で新しい社会進歩を計画することができると考えるのは、まったくばかげたことである。彼らはすべてのものは幸福であるべきであるという前提からはじめ、すべてのものが幸福になることは可能であると仮定し、決して社会がどの方向に動いているか、進歩を始動させるメカニズムは何かという問いを発しないのである。すべての体制は避けがたい悪をもつ。貧困は生存競争の結果であるかもしれない。しかし、人間はすべて競争するべく生まれるのである。貧困が廃止されるとするなら、それはいっそうきびしい競争を遂行することによってであり、社会的暴動や新秩序の机上プランによってではない。すべての人間がめざめ、勤勉で、慎重で、賢明になり、彼らの子供たちもそうそだてられるならば、貧困は数世代で消滅するであろう。

評論家サムナー このような考えに基づいて、サムナーは当時の社会問題の多くに評論を加えた。サムナーの攻撃を受けなかった法案はほとんどなかった。彼はブランド銀法案、州際商業法に反対した。彼はまた

自由貿易を主張し，関税を社会主義であるとして攻撃した。彼にとって，政府のおもな役割はふたつであった。人々の財産と婦人の名誉に対する罪をとりしまることである。彼は労働組合の意義を認めたが，それは勤労階級の団体意識をたもち，彼らに情報をつたえることで有用であるからである。ストライキは暴力をともなわずにおこなわれれば，労働に対する市場条件をテストする手段となりうる。労働条件は，国家の強制によるよりも組織労働者の自発的活動によって統制された方がよい。彼はまた帝国主義に反対し，「科学と芸術のみのりを喰い荒し，国民のエネルギーを消耗させ，彼らの貯えを浪費するのが帝国主義である。……」と論じた。

　サムナーの見解は，当然のこととして少なからぬ数の人たちの感情的反発をまねいた。サムナーの死後アプトン・シンクレアは，彼を金権政治教育帝国の総理大臣とよんだし，社会主義者のなかには彼を知的淫売婦とよんだものもいた。しかしこれらの批判は，サムナーを十分理解したうえでの意見であるとはいえない。なるほど，サムナーは理論的に独断的であったかもしれない。しかし，彼は決して実業界にやとわれていたわけではないし，彼自身，金権政治のスポークスマンと思っていたわけでもなかった。むしろ，彼は中産階級のスポークスマンと思っていたのである。なるほど彼は経済的民主主義を攻撃したが，金権政治には何らの同情をも示さなかった。彼は金権政治が政治の腐敗と保護関税の源であると考えていたのである。

　サムナーは信念の人であった。彼は，教科書にスペンサーの『社会学研究』を用いることで，イェール総長ノア・ポーターと職をかけてあらそったし，また彼は米西戦争に反対して，多くのイェール同窓生から辞職を要求された。彼の信念が強固であったために，彼は実業界や富裕者からも疑いの眼でみられたのであった。

　アメリカ思想史上のサムナーの役割は，独立革命以来の啓蒙主義のドグマをうちやぶったこと，楽観的で国の選民的運命に自信をもち，人道的で民主主義的であったアメリカの社会思想を徹底的に批判したこと，ダーウィニズムによって強化されたリカード，マルサスの悲観主義をつたえたこと，そして18世紀

の思索という方法にとって代わるに，19世紀の科学をもってしたことにあろう。サムナーは，急速な変革を好まなかったという点で保守的であった。しかし，同じく保守主義者のエドマンド・バークとちがって，サムナーにとっては慣習の保持は単にセンチメンタルにすぎないことであった。サムナーは，学問のなかからセンチメンタリズムを追放した。彼の叙述は，つねに客観的理性的であった。サムナーは保守的ではあったが，科学性の導入という点で見事な進歩性をそなえていたといわなければならない。たとえばサムナーは，チャールス・ビアードが現われるはるか以前に，アメリカ憲法を分析して，建国の父祖たちは民主主義をおそれたのであり，それを連邦の構造のなかで制限しようとしたのである，したがって合衆国の歴史は人々の民主的気資と，彼らの国家構造の枠組みとのあいだのたえざるたたかいの歴史であった，と論じているのである。

レスター・ウォード 独学の化石生物学者であり官吏であり，アメリカにおける科学的（生物学的）社会学の先駆者となったウォードは，サムナーと同じく，スペンサーの進化論の影響を強く受けていた。しかし，彼はサムナーのとなえたような自由放任主義には頭から反対した。彼は社会進化の過程において，社会機構は自然発生的に進化するが，その原動力は単なる生存競争というよりも，むしろ社会機構を改革しようとする闘争であると論じた。彼はまたサムナーについて，「生きのこったものたちは，生きのこることに適したということを証明するにすぎない。すべての生物学者が理解する事実，すなわち生きのこる適性は真の優秀性とはまったく別の何ものかであるという事実は，著者〔サムナー〕によって無視されている。彼がすべての社会学者がそうであるべきような生物学者ではないからである」という。ウォードによれば生物学の基本法則は自然陶汰であるが，社会学のそれは人為的陶汰でなければならない。もし自然が弱者を破壊しつつ前進するならば，人間は弱者を保護しつつ進歩するのである。そして意識的に社会を変革しようとすることによって，進化の過程は促進されるのである。ウォードはこのようにして物的，動物的，無目的な進化と，目的ある行動によって動かされる精神的，人間的進化とを区別した。

ウォードは当時の多くの思想家や改革者と同様，西部から来たフロンティアの産物であった。彼は大衆のチャンピオンであり，社会改革の先駆者となった。しかし彼は社会主義者ではなく，マルクス主義の伝統に関心を示さなかった。彼は社会全体による社会の計画的統制を考え，それを「ソーシオクラシー」とよんだ。

　このようにしてウォードは，ダーウィニズムの信奉者でありながら，それにサムナーとは異なる解釈をあたえ，それを保守的なソーシャル・ダーウィニストからうばいかえそうとしたのであった。

4　消化されたダーウィニズム

ダーウィニズムとアメリカ思想の独立　進化論はアメリカ思想界に混乱をまき起こした。ヘンリー・アダムズはその小説『デモクラシー』のなかで，登場人物のひとりに，「しかし私は信仰をもっています。おそらく古いドグマに対する信仰ではなくて，新しいドグマに対する信仰，すなわち人間性に対する信仰，科学に対する信仰，適者生存に対する信仰です。……われわれの時代に真実でありましょう。……」といわせている。一方でハースト上院議員のように，上院議員は適者生存（の適者）であると考えるものもいたが，また一方で，進化論なる科学を受けいれたのち宗教に何がのこされるのか，倫理はどうなるのか，進化論は社会は前進するというが，貧者や弱者はほろびざるをえないのか，などという真剣な疑問をもつものも少なくなかった。そしてそのような混乱のなかで，次第にダーウィニズムは消化され，捨てられるべき要素は捨てられ，アメリカ土着の思想が形成されていった。

　まず，神学と生物の進化を調和させようという努力がはじまった。ジョン・フィスクは進化の法則は宇宙の計画のなかに内在しているものであり，神がみずからの目的を達成せんとする手段であると主張した。彼の『宇宙学原理概説』は16版をかさねた。その他，グラデン，ブルックス，そして有名な説教者のヘンリー・ウォード・ビーチャーまで進化論を受容した。ビーチャーは，進

化論はただ「宇宙の建設に示された神の意図を解き明かしたものにすぎない」と述べた。

哲学ではチャールズ・パースが，哲学は規則的に数学上の符号で表わしうるような正確なものでなければならないと同時に，社会生物学的方法に基づかなければならないと主張した。そして彼は，概念が明確であるかどうかは，その概念をどのように実際に応用したかによって定まると強調し，演繹と推理の古い論理学に仮説という概念をとりいれた。パースは永遠の宇宙法則の存在に懐疑的であり，偶然性と習慣性を生成発展する宇宙進化の根本要因と考えた。そしていわゆる「プラグマティズム」の哲学をつくりあげるのである。

一方，心理学と教育学では，ウィリアム・ジェームズとジョン・デューイが形而上学的心理学を否定し，人間の心理を進化によって説明しようとした。そして実用主義と実験主義というふたつの柱の上にたった新しい心理学や教育学をそだてあげた。

法律学では，小オリヴァー・ウェンデル・ホームズが現実主義的実用主義的な社会的法解釈を生みだしていたし，歴史学者は歴史のなかに一定の法則を発見しようと努めたが，同時に歴史研究や叙述の方法に冷静な客観的態度を確立した。

経済学では進化論の影響は比較的小さかった。ヘンリー・ジョージやエドワード・ベラミーはサムナー的ダーウィニズムを攻撃したし，サイモン・パッテンは，科学技術を応用すれば，世界の食糧生産を倍増させることは可能であり，また有史以来はじめて必需品の生産が需要そのものを上まわるようになったと論じた。

ソースタイン・ヴェブレンはイェールでサムナーの弟子であったが，進化論と近代心理学を利用して古典派経済学を批判した。彼の有閑階級や略奪的な大企業主や金融資本家の分析は手きびしかった。彼は経済制度の進化の過程について考察をすすめなければならないと主張して，「制度学派」の祖となった。

パース，ジェームズ，デューイ，ホームズ，ヴェブレンのような人たちは，ダーウィニズムの影響を受けつつそれを消化して独自の領域をうちたてた。彼

らはヨーロッパ的伝統を受けつぐよりは、アメリカの土壌のなかでアメリカ的な思想をつくりあげたのであった。19世紀末といえば、アメリカが精神的独立を達成した時代であった。そしてその独立は、ダーウィニズムの影響を受けたこれらの人びとによって達成されたのであった。

ソーシャル・ダーウィニズムと盗賊貴族たち このようにして進化論は宗教思想を変え、社会科学に新しい方向をあたえ、人々の社会に対する考え方に新しい標語を供給した。それがアメリカ思想史上の重大事件であったために、多くの歴史家がソーシャル・ダーウィニズムをとりあげて分析した。それらの研究を調べてみると、ダーウィニズムのアメリカの実業家たちに対する影響力を過大に評価しすぎているのではないか、と思われることも少なくない。なかには盗賊貴族たちがすべてソーシャル・ダーウィニズムを実行しただけでなく、彼ら自身が哲学的なダーウィニストであったような印象をさえあたえるものもある。

　ソーシャル・ダーウィニズム研究の先駆者ロバート・ローウェンバーグは、「進化論はそれが侵入できるところではどこでもアイディアを発芽させ、またそれはどこへでも侵入した」と述べたし、マール・カーティは、ダーウィニズムの原理は「実業界の覇者たちの要望にそっくりあてはまるものであった。彼らは自分たちと競争しようとして、はかない努力をしている群小実業家たちを打倒しつつあったからであった」という。またヘンリー・コマジャーは、「ダーウィンとスペンサーはアメリカのうえに、ジョージ三世が決して享受したことのないような主権を行使したのである」と書いているし、さらにホーフスタッターは、「南北戦争後のアメリカは、ダーウィン的生存競争と適者生存との壮大な人間的カリカチュアのようなものであり」、このような状況において実業家はダーウィンの言葉を「ほとんど本能的に」受けいれ、彼らの考えにもっとも適合した理論をスペンサーにみいだしたのである、と論じたのである。その他シュペングラー、ホールブルック、モンタギューなどの学者も、盗賊貴族たちが蓄積された財産は自由競争下の適者生存によって達成されたと考え、ダーウィニズムを受けることによって良心を追放したとみており、そのような考

えは高等学校のアメリカ史の教科書にまで採用されることになったのである。

こうしてみると，当時の盗賊貴族たちがみな意識的なソーシャル・ダーウィニストであったかのようにみえる。しかしながら，すでに述べたカーネギーを例外として，その他の盗賊貴族たちがスペンサーを理解し，彼らの個人的成功を適者生存によって正当化したかどうかはきわめて疑わしい。第一世代の盗賊貴族たちは，カーネギーをのぞくと，スペンサーを読みこなせるほどの教育を受けたものはなかった。1900年でさえ『フーズ・フウ』記載の実業家たちの84％は，高等学校以上の教育を受けていなかったのであり，ヴァンダビルトにいたっては一生にたった1冊しか本を読まなかったといわれる。彼は，自分がもし教育に時間をさいていたなら，他の何ものをも学ぶ余裕がなかったであろうと述べている。金と書物とは無縁のものであるというのが，ほとんどの盗賊貴族たちの考えではなかったであろうか。19世紀において，ダーウィン信奉者たちは自然科学者，社会科学者，哲学者，牧師，雑誌編集者など，知的にすぐれた人たちであり，実業家たちではなかったとみるべきであろう。事実1889年から1899年における企業集中に対する議会の公聴会に招集された実業家たちのうちで，適者生存という言葉を用いたものはほとんどなかった。

19世紀の盗賊貴族たちの言動のなかには，彼らがダーウィンやスペンサーよりも，キリスト教倫理観にたって行動していたことを示唆するものが多いように思われる。ロックフェラーは，彼の富を神があたえたもうた徳に対する報酬であると考えていたし，その他の実業家たちも，従来研究者たちが考えてきたよりもはるかに単純な精神の持ち主で，成功をキリスト教倫理遵守の徳と関連させていた者が多いように思われる。

一方，もっと慎重な見解も現われはじめているようにみえる。たとえばコクランは鉄道指導者たちを研究した著書のなかで，ごく少数のものだけがスペンサーを読んだといい，言葉と行動においてソーシャル・ダーウィニズムの教えに反した多くの例をあげている。ワイリーもまた同じような考えであり，さらにカークランドは，ダーウィニズムは古い考えに新しい言葉を供給したにとどまり，実業家たちは競争や適者生存を，スペンサーよりも経験と観察から得た

のであると論じている。

ソーシャル・ダーウィニズム研究の方向 実業家たちがどれほどソーシャル・ダーウィニズムを受けいれたかという問題は、いわゆる「企業者精神の歴史」の格好のテーマとなるであろう。今後の研究がより精緻になるためには、いくつかの分類が必要である。たとえば実業界のリーダーたちとサブ・リーダーたち、教育を受けたものと受けなかったもの、積極的なダーウィニストとそうでないもの、などである。そしてソーシャル・ダーヴィニズムがそれぞれの実業家にどれほどの関心を引き、彼らの野望を説明するものとしてどれほどの役割を果たしたか、トラストやプールのように競争を制限する行為はどのようにして説明されたか、慈善は適者生存とどうむすびついたか、パブリック・リレーションからみて、ソーシャル・ダーウィニストと公言することが損であったかどうか、などの問題が分析されなければならないであろう。今日までの多くの学者の業績にもかかわらず、ソーシャル・ダーウィニズムについて、今後のいっそう深い研究にまかせられなければならない部分は多いといわなければならない。

▶注
1) 卸売物価は低下した。
2) ミリオネアはアメリカ英語で、1843年家族にニューヨークの高価な土地をのこして死んだ、かぎタバコ製造業者のピエール・ロリランドの死亡記事のなかではじめて使われた。
3) 盗賊貴族は後年一般的になった用語であるが、1869年ニューヨークの鉄道駅の頂上にたてられたヴァンダビルトの青銅像について、ゴーキンが書いた記事は興味深い。「真ちゅうの栄光のなかに、われわれが物語で読む中世の貴族——彼は文字が読めなかったかもしれない、人道主義者ではなかった。修身教育が十分ではなかった、彼のマナーは近隣の洗練された社会をよろこばすようなものではなかった、家来たちからも愛されていなかった——の直系の相続人の記念物がいきいきと描写されている」。

第5章 アンドリュー・カーネギー

1 ふるさと

美しきダンファームライン　　アンドリュー・カーネギーは，1835年11月25日，スコットランドのダンファームラインで生まれた。父はウィリアムといい，手動織機の織手であった。母はマーガレット・モリソンという名で，靴職人の娘であった。アンドリューの家は貧しかったが，彼はのちになって，自分が家族や親戚から受けとった精神的遺産には大きなものがあったと述べている。

　アンドリューの父は想像力と持続性に欠けていたが，書物を愛し，社会進歩に熱心で，政治活動に積極的であった。アンドリューの母方の祖父は，スコットランドでも名のとおった政治活動家であり，評論家であって，下院の改善，投票の民主化，新工場法，交易の自由，特権の廃止などを主張した。

　美しいダンファームラインの街も，歴史の香りにあふれ，若きアンドリューの情感をそだてるに最適であったが，伯父のジョージ・ローダーの影響は大きかった。ローダーの家でアンドリューは詩や音楽や，スコットランドの歴史や英雄たちの物語を学んだ。ローダーはまた，アメリカ合衆国にも関心をもっていた。アンドリューが合衆国に急速に同化しえたのは，ローダーから得た知識のおかげかもしれない。

　アンドリューの母の弟，「ベイリー」・モリソンの印象は強烈であった。ベイリーは父ウィリアムと同じような改革主義者であったが，いっそう急進的で，イギリスに共和制を樹立すること，労働者の利益を増進することを旗印に運動

をつづけていた。1842年「労働停止」（ストライキ）の理由でベイリーが逮捕されたとき，7歳のアンドリューは獄中にある叔父をみて，特権的な諸制度に対する憎しみをかきたてた。アンドリューはのちにつぎのように述べた。

　　子供のとき，わたしは王や侯爵やその他の貴族たちを殺すことができればよい，彼らの死は国家にプラスになるにちがいないと考えていた。

　アンドリューが子供時代のカーネギー家の貧乏は極端なものであった。工場制度がリネン産業に進出しつつあり，手動織機の織手時代は急速に過去のものとなりつつあった。アンドリューは，父がある日手織の仕事を1日捜し歩いて帰宅し，絶望の色をみせながら，「アンドリューよ。もうわたしには仕事がない」といったのをはっきりと覚えている。母は靴を縫う内職をはじめた。そして小さなアンドリューが，彼女のそばで針に糸をとおすのであった。

　貧乏のさなかにあっても，子供の教育がなおざりにされたわけではなかった。小学校教育は当時のダンファームラインでも当然の権利と考えられていた。アンドリューも学校に通った。

アメリカへ　しかし彼の母は，スコットランドには2人の男の子たち――アンドリューの下にトーマスという8歳年下の弟が生まれていた――の将来はないと考えていた。彼女の2人の姉と1人の兄が，すでに新世界に移り住んでいた。彼女にとって，アメリカへ移住することが当面の目標となった。移住の費用をどのようにして捻出するかが問題であった。幸い，友人たちが20ポンドを貸してくれることとなり，家具を売ったお金を加えて旅費ができた。

　1848年5月，アンドリューが12歳のとき，カーネギー一家は両親と弟との4人でグラスゴーから船出し，6週間の航海ののちニューヨークに到着した。そしてハドソン河を遡り，イリー運河を経てイリー湖にいたり，さらに湖と運河をとおって，ペンシルベニア州アレガニーに定着した。そこは伯父や伯母たちも住んでいる，スコットランド人の小さな植民地であった。そこでウィリアム

は綿工場に職をみつけ，アンドリューも週1ドル25セントの糸巻き少年工となり，トーマスは学校へ通いはじめた。こうしてカーネギー家のアメリカでの生活がはじまった。

　アンドリューは，成長しても子供時代をすごしたスコットランドのふるさとを忘れることはなかった。彼は後年しばしばスコットランドを訪れたし，成功したあとは，多くの金や施設をダンファームラインに寄贈してふるさとへの思いを具体的に示した。

2　成功への階段

　読書と教養　アンドリューは若かったせいもあって急速にアメリカ社会に同化し，アメリカ的な価値観を受容した。16歳のときにはスコットランドの友人たちに，アメリカでの生活やアメリカの諸制度がイギリスとくらべていかにすぐれているかについて，何通もの手紙を書き送っている。同じ年彼は新聞，とくに『ニューヨーク・トリビューン』に投稿しはじめ，当時の重要問題，とりわけ奴隷制度について論じた。新聞や雑誌に投稿することは，彼の一生の習慣となっていった。

　アンドリューは相変わらず読書を好んだ。近くに住むジェームズ・アンダーソン大佐が約400冊の個人図書を勤労少年に開放し，アンドリューにも毎土曜日の夜新しい本をとどけてくれた。アンドリューは深く感動し，のちになってアメリカとイギリスの各地に約300の図書館を寄贈した。アンドリューが読む書物は，政治，歴史，科学，思想など広い分野にまたがっていた。彼は読書によって教養を身につけ，ゆたかな精神生活を送った。その意味で彼は物的な側面においてだけでなく，知的な側面においても「セルフメイト・マン」（第2章参照）であった。

　14歳のとき，アンドリューはピッツバーグ電報局のメッセンジャーの仕事を得た。給料は週2ドル50セントで，当時の彼にとっては一財産のように思えた。そのとき劇場にしばしばメッセージをとどけたことが，彼の演劇，とくにシェ

イクスピア劇への愛情をつちかった。メッセージをとどける仕事がないとき，彼は電報局にいて，電信音から直接通信解読が可能であることを発見した。当時の電信は，信号音によらないで，テープに記録された記号によって解読されていたのである。アンドリューの能力に気づいた雇い主は彼を通信士として採用し週4ドルの賃金を与えた。

そのころ電報局によくやってきた紳士がいた。トーマス・A. スコットといい，ペンシルベニア鉄道の大物であった。スコットはアンドリューの資質をみぬき，秘書兼通信士として彼を雇った。給料は月35ドルであった。彼は，そんなに多くの給料をどうして使ったらよいかわからなかったと述べている。

鉄道と通信 アンドリューはペンシルベニア鉄道で1853年から65年まで12年間働いた。彼はつぎつぎと昇進して，最後にはスコットのあとをついでピッツバーグ線区の責任者となった。ペンシルベニア鉄道におけるアンドリューのもっとも大きな業績は，プルマン寝台車の導入であったと考えられる[1]。同時にアンドリューはプルマンの特許を保有していたウッドラフ社の株を8分の1購入し，それによって生まれてはじめて相当額の利益をあげた。アンドリューがもっとも興奮したのは，南北戦争の勃発にともなって，スコットといっしょにワシントンに行ったことであった。スコットが軍事輸送担当次官に任命され，アンドリューはその右腕となって働いたのである。彼は軍事輸送に没頭するとともに，通信部門をもうけて輸送の効率化をはかった。

アンドリューがペンシルベニア鉄道で働いていた当時，鉄道はアメリカの唯一のビッグ・ビジネスであった。アンドリューはペンシルベニア鉄道で，交通・通信の重要性を知るとともに，ビッグ・ビジネスの経営管理法を学んだ。彼はそれを自分の企業に適用し，やがて鉄鋼業をビッグ・ビジネスに育てあげたのであった。

鉄鋼業は南北戦争後急速に成長しはじめた。戦争自体が鉄鋼業発展の契機となった。しかし，アンドリューはまだ全面的に鉄鋼業に乗りだす準備が整っていなかった。彼は1862年キーストン橋梁会社を再建していたが，1865年には，その経営に集中するため，ペンシルベニア鉄道を退職した。キーストン橋梁会

社は，彼の鉄道における業務の延長線上にあった。彼は経験から，木製の橋は鉄道に適せず，まもなく鉄製につけ替えられるであろうことを知っていた。彼はまた鉄道に多くの友人知己をもっていた。

セールスマン・アンドリュー　キーストン橋梁会社およびその後設立された彼の企業の成功の秘密は，彼のセールスマンとしての比類なき能力にあった。彼にも多くの敵や競争相手があった。しかし彼の競争相手ですら，アンドリューが強烈な個人的魅力をもった人間であることを認めていた。アンドリューはだれよりもよく読み，多く旅行し，ユーモアのセンスにあふれ，適度の論争を楽しみ，すぐれて文学的な表現もできれば，思索的にもなりえた。だれもが彼を夕食に招待したがったし，夕食のテーブルでの彼の会話は魅力的で洗練されていた。

　アンドリューは，キーストン橋梁会社の他にもいくつかの事業に手を染めた。石油事業でもうけたかと思うと，ヨーロッパに出掛けて鉄道債券を売った。鉄道債を売ったコミッションは，1872年までに15万ドルに達した。アンドリューの成功があまりにもめざましかったために，保守的なピッツバーグの実業家たちはアンドリューを無謀なギャンブラーではないかと考えた。しかしアンドリューの事業は無謀な賭けとは無縁であった。彼は経験を重んじ，それから学び，人のつながりを利用して着実に前進した。

　アンドリューはヨーロッパ旅行のあいだに，イギリスの鉄鋼業者と親しくなった。当時イギリスの鉄鋼業は世界の指導的地位にあった。アンドリューはベッセマー製鋼法を学び，ヘンリー・ベッセマーその人とも友人となった。

　1873年，彼はついにすべての所有物を新しいアメリカの産業――鉄鋼――に賭けることとした。彼の知識と経験のゆたかさにもかかわらず，それが彼の人生の唯一最大の賭けであることに変わりはなかった。彼の言葉によると，「すべての卵をひとつの籠にいれ，その籠を注意深くみまもる」という戦略の出発であった。アンドリューのこの決定が，アメリカの工業を世界の指導的地位に押し上げる契機となった。アンドリューは38歳になっていた。同じ年，彼は生まれてはじめての寄贈――慈善という言葉を彼は嫌っていた――をおこなった。

ダンファームラインの人たちに無料の浴場を贈ったのである。

3 鉄鋼王カーネギー

鉄と産業史 　つづく30年間のアンドリュー・カーネギーの事業は，同時期のアメリカ産業史そのものであった。1873年，鉄鋼業におけるイギリスの優位は確固たるもののようにみえた。しかし16年後の1889年には，アメリカの鉄鋼生産高はイギリスを追い越していた。

　アメリカの鉄鋼業の急速な発展には，多くの理由があった。鉄道や車輌，船舶などを中心に鉄鋼に対する需要は拡大していた。近くに鉄鉱石や石炭が多量に埋蔵されていたことも，発展の原動力となった。スペリオル湖地域の優秀な鉄鉱石は，最終的にはカーネギー鉄鋼会社によって大部分支配された。関税も初期にはとくに有益であった。

　カーネギーはいつも自分をジョン・スチュアート・ミル型の保護主義者であるといっていた。その意味するところは，関税は「幼稚産業を発展させるにあたっては有用であるが，確立された産業の利潤を膨張させるために用いられると邪悪な手段となる」ということであった。カーネギーは，20世紀にはいる数年前から鉄鋼輸入に対する関税の撤廃を主張した。

　カーネギー鉄鋼会社の発展にあたって，鉄道からのリベートの役割を強調する人は多いが，リベートの額そのものは大きいとはいえなかった。カーネギーの鉄鋼業経営者としての生活は，皮肉なことに彼の前の雇い主ペンシルベニア鉄道との長い戦いに明け暮れた。ペンシルベニア鉄道は，ピッツバーク地域の輸送を独占しており，競争のはげしいシカゴ，クリーヴランド，その他競争のある地域にくらべて高い運賃を設定していた。1870～80年代に，ヘンリー・クレイ・フリックによって開発されたコーネルズヴィルのコークス地域の出現がカーネギーをしてペンシルベニア鉄道を屈服させる原因となった。クレイは1882年にカーネギー陣営に参加し，1889年にはカーネギー兄弟有限会社の会長となった。

オーガナイザー　カーネギーは自分の歩んできた道をふりかえって，自分の成功には，他の何にもまして重要なひとつの要素があったと述べている。「世界がわたしから鉄鉱石，石炭，鉄道，汽船，製鉄所，機械のすべてを奪い去ったとしても，そのたったひとつの要素さえ残っているならば，わたしはよみがえって再び成功することができるであろう。そのひとつの要素とは，わたしの組織である」と彼は述べた。鉄鋼業においてアメリカが世界で優位に立ちえたのは，カーネギーの個人的な業績であった。しかしカーネギーを最大の鉄鋼業者にしたのは，彼が人についての判断をあやまらなかったためであった。いいかえると，彼は最高のオーガナイザーであった。彼は自分の墓碑銘について，つぎのように書いたらどうかと示唆したことがある。

　　ここに彼自身よりはるかに賢い人たちにとりかこまれることができた男が眠る。

　カーネギーの陣営には，ヘンリー・クレイ・フリックをはじめ，有名な「ビル」・ジョーンズ船長，チャールズ・M. シュワブ，早逝した弟のトーマス・M. カーネギーなど才能にみちあふれた人々がいた。
　カーネギーの鉄鋼における勝利は，ナポレオンと彼の将軍たちにも似ていたが，自分の組織をつくりあげるにあたって，カーネギーは人々がインセンティブを失わないよう細心の注意をはらった。彼は一般労働者のなかから能力ある者を引きあげるという努力をつづけた。彼の会社の部長や役員となり，百万長者となった人たちのなかには一般労働者として出発した人も少なくなかった。
　カーネギーの会社は，最後まで株式会社とはならなかった。1株といえども市中で売買されなかったのである。株はともに働く仲間たちによって保有された。いわゆる有限会社である。株主が死ぬか会社を辞めたとき，彼の株は帳簿価格で会計課で購入された。カーネギーは過半数の株を保有していたが，残りはパートナーたちに配分され，パートナーの数は最終的にはほぼ40名となった。社員が株を獲得しうるのは業績によってであった。会社における評価が高まる

につれてその社員の所有株式も増加した。株を買うにあたって現金は必要でなかった。その目的のために配当が留保されていた。こうして会社の株を得ることが，すべての社員の目標となり，そのための努力が組織の能率を高める要因となった。もっともカーネギー自身が30年ものあいだその頂点にあって，そのような努力の象徴として存在したのであった。

アメリカに賭けたカーネギー カーネギーがギャンブラーでないことはすでに述べた。彼はウォール街の投機的な側面を軽蔑した。彼は利鞘を稼ぐ目的のために株を買ったことはなかった。しかし，彼は巨大なひとつの賭けをして，それに勝利した。彼は，自分の所有するものすべてを合衆国の経済的未来に賭けたのである。彼は，その点でアメリカの産業界においてもっとも大胆であった。彼は最新の機械に固執し，より良いものが現われると，コストのかかったものでも旧設備は廃棄された。アメリカ経済が不況におちいったとき，カーネギーはいつも積極的に行動した。カーネギーが工場設備の拡大や改善に大規模な投資をおこなうのは，きまって不況時であった。その理由はふたつあった。ひとつは不況時には建設費が低下すること，そしてもうひとつはカーネギーがアメリカ経済の未来を信じ，繁栄が必ずもどってくると考えていたことであった。そして繁栄がもどってきたとき，カーネギーは新しい需要に応じるだけの設備を整えていた。しかも，彼は鉄鋼を他社よりも安く供給できたのである。1893年から97年にわたる不況は，まさにそのような機会であった。不況が終わったとき，彼の会社ほど安い価格でレール，パイプ，鉄板などを売ることができる会社はもはや存在しなかった。

1900年にはカーネギー社の利潤は4000万ドルに達した。そのうちカーネギー個人の分け前は約2500万ドルであった。

4 鉄鋼業は副業？

文人カーネギー 鉄鋼業はカーネギーにとって大切なものではあったが，彼の人生全体からみると，副業にすぎなかったのではないか

第5章　アンドリュー・カーネギー　89

とも思われる。カーネギーの若いころの野心は，ジャーナリズムと著作にあった。富についての彼の考えも熟年に達してから形成されたものではなかった。鉄鋼生産に全面的に乗りだす以前の1868年に，彼は「覚書」を書いている。

　33歳にして年収5万ドル！　……これ以上稼ぐことはない——財産を増やす努力をしないで毎年の余剰を役に立つ目的に費やす。……オックスフォードに住み，十分な教育を受け，文筆家たちと知合いになる。——このことに3年は必要であろう。——そして公衆の面前で演説することに特別な注意をはらう。その後ロンドンに定住し，新聞か雑誌のひとつを支配できるだけの株を買い，その経営に努力をかたむけ，公的な事項，とくに教育や貧困階級の改善に関連する事項に参画する。人間は偶像をもたなければならない。——富をあつめることは最悪の種類の偶像のひとつである——金を礼拝するほど堕落した偶像はない。……人生の道を選ぶにあたっては，品性をもっとも高めるような道を選ぶよう注意すべきである。これ以上商売上のことがらで走りまわる生活をつづけるならば，そしてわたしの考えの大部分をもっとも短い時間にもっと多くの金をつくることに集中するならば，もはやとりかえしがつかないほどにわたしの人生は堕落するであろう。わたしは35歳にして実業界を去るであろう。それまでの2年間，毎日午後は人の講義を受けたり，体系的な読書をしてすごしたいと願っている。

　事は若いカーネギーが書いたようにはすすまなかった。彼は金を儲けることを少なくとも30年後までやめなかった。オックスフォードで3年間すごすこともしなかったし，ロンドンに定住することもなかった。しかしそれにもかかわらず，「覚書」が彼の本心ではなかったという証拠はない。カーネギーは，おそらく金をつくることで満たされたと感じたことはなかったのであろう。
　カーネギーは文筆家や政治家に多くの友人をつくった。そのなかにはカーネギーの賓客として1883年に合衆国を訪れたマシュー・アーノルドや『アジアの光』の元原稿を記念品としてカーネギーに与えたエドウィン・アーノルド卿，

カーネギーがその知的生活においてもっとも深い影響を受けたと考えたハーバート・スペンサー，その他ウィリアム・E.グラッドストーン，ジョン・モーレイ，ロード・ローズベリー，ジョゼフ・チェンバレン，ウィリアム・ヴァーノン・ハーコート卿，フレデリック・ハリソン，ジェームズ・ブライス，ウィリアム・T.ステッド，ジョン・バーンズ，ロイド・ジョージなどがいた。アメリカでは彼はすべての大統領，高名な政治家，そして名のとおったすべての著作家と知合いになった。とくにジェームズ・G.ブレイン，セオドア・ローズヴェルト，リチャード・ワトソン・ギルダー，マーク・トウェイン，エリヒュ・ルート，アンドリュー・D.ホワイトなどと親しくなった。

イギリスとアメリカ　カーネギーは1881年イングランドとスコットランドに旅をし，ダンファームラインをも訪問した。そこで70歳になっていた彼の母が，最初のカーネギー図書館の定礎をおこなった。その記録はカーネギーの書物，『イギリスで手をつなぐ4人のアメリカ人』（1883年）に描かれている。

カーネギーは鉄鋼会社を経営しながら，しばしば『ナインティーンス・センチュリー』誌や『ノース・アメリカン・レビュー』誌に論文を寄稿するようになった。1886年には『勝利する民主主義』という本を書き，アメリカ人とイギリス人をともに驚かせた。この本はいわば統計によるアメリカ賛歌で，その目的は君主制，すなわちイギリスの制度よりは，共和制すなわちアメリカの制度の方がどれほどすぐれているかを明らかにすることであった。カーネギーはアメリカの進歩を光輝くものとして描く一方で，イギリスの皇室を批難した。この書物は短期間のうちに4万部売れた。

カーネギーはイギリスの貴族政治に厳しい批判を加えたが，イギリスの国民に対して敵意をもっていたわけではなかった。彼はイングランドとスコットランドを愛していた。彼の人生の目的のひとつは，英語を話す国民をつなぐ絆を強めることであった。しかし彼のイギリスへの愛を表現する最善の方法は，その政治的社会的諸制度の改善を支援することであった。この野心を胸に秘め，彼は80年代はじめに，インクランドで一連の新聞を手にいれ，君主制の廃止と

イギリス共和国の樹立を訴えた。このようなカーネギーの姿勢にもかかわらず，彼のイギリスへの愛のゆえに，イギリスの友人たちはカーネギーを疎外することはなかった。

5 「富の福音」

ダーウィニズム　カーネギーは自伝のなかで，ダーウィンとスペンサーを読んで進化の事実を発見したと書いている。彼は熱心な進化論信奉者となった。ダーウィニズムは急速にアメリカに浸透しつつあった。多くのアメリカ人の実業家たち——はダーウィンやスペンサーを読んでいなくても，その考えを本能的に受けいれ，自分の考えに適した理論をみいだした。「生存競争」や「適者生存」は彼らの日常語となった。カーネギーはおそらく難解なスペンサーを読みこなした唯一の実業家であった。そしてそのなかから彼独自の富裕者責任論を展開したのである（第4章第2節のなかの「ユーマンズとカーネギー」を参照）。

カーネギーは全体として既存の政治制度を受けいれていた。そして，死ぬまで社会主義に対して不信の念をいだいていた。しかし彼は，巨大な富が少数の実業家の手に蓄積されることが良いとは考えなかった。それは生物学的にやむをえないことであっても，大きな悪の可能性をもっていると考えた。

これらの実業家たちが，社会の発展のために自然と社会のエネルギーを解放し，産業の発展をになうかぎりにおいて，彼らは価値ある資産であり，なくてはならない存在である。しかし，彼らがその報酬を利己的な目的に使うならば，報酬はサービスの価値よりも大きくなってしまう。富を彼らの手に集中させたのは社会である。社会が積みあげた富は社会に返されなければならない。自分の立場をわきまえた百万長者にとって，富はあずかり物であるにすぎない。それは公共の利益のために用いられるべく，彼らの手で管理されるのである。

カーネギー社売却　カーネギーは，金持ちの人生はふたつの時期に分けられるべきである，という。最初は富を獲得する時期である。

そして第二はそれを再分配する時期である。大きな富を蓄積した人は，その例外的な能力を人類の改善のための富の再分配に用いなければならない。ゆたかな人間が，公共の利益のために使いえた金銭をそのまま残して死ぬことは不名誉なことである。

　『富の福音』を書いたとき，カーネギーは54歳であった。1889年の彼の財産は何百万ドルにも達していたが，最終的に到達した額にくらべればまだ小さなものであった。1890年から1900年までの10年間，彼の富の増大は加速した。しかし，90年代の彼の関心はもはや富の増大にはなかった。彼がすべてを売りたがっていることは，引退の数年前から，公然の秘密であった。流血の惨事となった1892年のホームステッド工場におけるストライキや，彼の組織のなかに生じた不協和音，ヘンリー・クレイ・フリックとの訣別などが引退の直接の原因としてあげられようが，その背後には1868年の「覚書」にみられる精神のうずきや，89年の『富の福音』に書かれた責任感があった。公共の目的のために彼の富を使うこと，多くの新しい友人を獲得すること，そして彼自身の魂の向上をはかることが彼の人生の目的になりつつあった。

　カーネギーは身内に対して深い愛情をもった人であった。子供のとき彼は金持ちになりたいと思ったが，それは母に絹のドレスを着せ，自分の馬車に乗れるようにしてやりたいと思ったからであった。カーネギーは母の存命中は独身であった。しかし母が死ぬとまもなく，1887年にニューヨーク出身のルイーズ・ウットフィールドと結婚した。カーネギーの結婚生活は幸福であった。彼の妻は理想的な伴侶であり，完璧な女主人であり接待役であっただけでなく，富を再配分しようという彼の計画に賛同し，それを実行にうつすための協力を惜しまなかった。

　結婚後10年のあいだカーネギー夫妻は，ほとんど毎年6カ月，スコットランドに住んだが，89年にはサザランドシャーに土地を買い，そこにスキボー・キャッスルを建てた。その土地は最終的には4万エーカーまで買い足されたが，第一次大戦までカーネギー夫妻の好んで住むところとなった。

　カーネギーは自分の事業を売る交渉にはいったが，とうとう1901年1月カー

ネギー社を新しく組織された U.S. スティール社に売却した。売買契約に署名したのち，カーネギーが J. P. モーガンにいった言葉は，長いあいだ彼がいだいていた感情の率直な表現であった。「じゃあ，ピァポント（モーガンの愛称），重荷を君にわたしたよ」。

カーネギーはこれによって，5％利子つきの50年償還の金債券2億5000万ドルを得た。

6　第二の人生

　富の分配　カーネギーは実業界から去ってのち，20年ちかく生きた。そのあいだ，彼の時間のほとんどは富の福音を実行するために費やされた。もし彼が財産をもとに，比較的わずかな生計費を差し引いて，利子を稼いでいたならば，彼は存命中にアメリカ最初のビリオネア（10億ドル長者）になっていたであろう。しかし，カーネギーは中ぐらいの金持ちとして死んだ。彼は3億5000万ドルにのぼる資金を各種事業に寄付したのである。彼の年収は1250万ドルを超えていたが，そのすべてを寄付しただけでなく，元金の大部分も分け与えた。

寄付された3億5000万ドルのうち，イギリスには6200万ドル，アメリカには2億8800万ドルが与えられた。カーネギーが寄付したのは英語を話す国民に限られていた。寄贈先のおもなものには，ニューヨークのカーネギー財団（1億2500万ドル），各地の公共図書館（計6000万ドル），大学（計2000万ドル），教会（計600万ドル），カーネギー教育振興財団（2900万ドル），ピッツバーグのカーネギー・インスティチュート（2200万ドル），ワシントンのカーネギー・インスティテューション（2200万ドル），ヒーローファンド（1000万ドル），国際平和基金（1000万ドル），スコットランド諸大学トラスト（1000万ドル），統一王国トラスト（1000万ドル），ダンファームライン・トラスト（375万ドル）があった。これらの寄贈先をみると，カーネギー自身の好みと同時に，彼が「コモン・マンの改善」の方法についてどう考えていたかを知ることができる。

彼は書物，芸術，音楽，そして自然を愛しつづけた。彼はまた，研究教育こそ人類の進歩にとって基本的なものであると信じていた。そしてそうするためには，何にもまして戦争の廃止と平和が必要であった。

　今日でもアメリカ人がカーネギーの名前ですぐ連想するのは公共図書館である。カーネギーにとっても，図書館に対する寄贈はもっとも満足度の高いものであった。彼は人類の病根に対する唯一の正しい治療方法は啓蒙であると考えていた。彼ははじめのころ，自分が寄贈した図書館に「ここに光あらしめよ」という文字をかかげるよう主張した。カーネギー財団はもっとも多くの寄付を受けとったが，それは彼が死んだ後も彼が与えてきたような事業に援助をつづけるためであった。

平和への努力　カーネギーは多くの名誉を受けた。54の都市の自由市民権を受けたし，多くの大学から名誉学位をもらった。セント・アンドリューズ大学，アバディーン大学の名誉総長にもなった。1908年イギリスのエドワード王は，カーネギーが爵位を受ける気持があるかどうか，間接的に打診した。カーネギーは断った。自分が信じてきた民主主義的原則をまげるのは嫌だったし，また爵位を受けるためにはアメリカの市民権を放棄しなければならなかったからである。カーネギーはアメリカの市民権をかけがえのない財産であると考えていた。

　カーネギーは以前から平和と仲裁の問題に関心をもっていた。晩年になって戦争の気配が濃厚になると，平和と仲裁は彼の最大の関心事となった。平和を維持する目的のために金を寄付しただけでなく，ザ・ヘイグに平和宮殿を建てた。1907年にはドイツ皇帝カイザー・ウィルヘルム二世を訪問して平和の要請をおこない，その後もカイザーと平和問題について手紙を交換した。

　平和の問題がいかに深くカーネギーの心をとらえていたかは，戦争の勃発とともに明らかとなった。戦争がはじまる前，彼は80歳に近くなっていたが，精神も肉体も活動的であった。戦争がはじまると，彼はもはや同じ人間ではなかった。彼はイギリスの宣戦も，その後のアメリカの参戦もやむをえないと考えて賛同した。しかし，彼は急激に老いた。

1919年8月11日,84歳,カーネギーはマサチューセッツの夏の家「シャドー・ブルック」で死んだ。彼の妻と1人の娘マーガレット・カーネギー（ローズウェル・ミラー夫人）が,あとにのこされた。アンドリュー・カーネギーは,ハドソン河辺のスリーピー・ホローに埋葬された。

7　カーネギーの一生

アメリカ経済の発展　カーネギーの一生は,彼の同時代人やその後の世代の人たちにとって,アメリカの夢の有効性の証拠となった。大部分のアメリカ人は,正直で,勤勉で,機をみるに敏であれば,多少の幸運の助けを得て,世界でもっとも偉い人間になることができると信じた。ホレイショ・アルジャーの多くの出世物語が広く読まれたのは,カーネギーのような人物がいたからであった。

　カーネギーの出世物語は,19世紀後半のアメリカ経済の出世物語であった。南北戦争後から20世紀はじめまでのアメリカ経済の発展はめざましかった。

　19世紀後半は技術革新の時代であり,発明,発見が相つぐと同時に,それらが実際に適用された。これらの技術革新の多くは大規模な生産・販売を有利にした。大量生産・大量販売によって単価が下がったのである。カーネギーが海外旅行中も,利益額の報告よりはコスト・シートに関心をもちつづけ,それによって部下の成績を判断したと伝えられるのは,そのことの反映であった。

　大規模生産の有利性には,金銭的なものも少なくなかった。大会社は資金の調達,鉄道やその他の公益事業からの割引とリベート,独占的な価格形成,プールやトラストなどの結成において有利であった。カーネギーもときとして事業の成功のために,これらの手段を用いた。

　19世紀後半には南北戦争前には考えられもしなかった大金持ちが出現した。彼らのすべてが不正直な悪漢であったわけではない。彼らの多くはアメリカの経済発展をになった経営の天才たちであった。しかし,彼らのなかでカーネギーほどインテリで読書家で哲学者で,進退もあざやかで,社会全体の向上に関

心をもち，蓄積した富まで一生のうちに処分してしまった人はなかった。

カーネギーのパラドックス　カーネギーの思想の多くは，アメリカで広く受けいれられている価値観を反映していた。彼は機械を災いをもたらすものでなく福をもたらすものであると考えていた。もちろん，そう考えなかったアメリカ人もいた。アメリカでもカーライルは読まれていたし，社会主義も知られていたし，ユージン・デブスのような急進主義者もいた。しかし彼らの思想はアメリカでは異端であった。移民のカーネギーはアメリカの正統派であった。彼は個人の成功は社会全体の進歩につながると信じていたし，アメリカの民主的な政治制度が産業経済のめざましい発展を可能にしたと考えていた。

　カーネギーは矛盾のない男ではなかった。彼の性格が複雑であったというだけでなく，思想と行動にいつでも一貫性があったわけではなかった。彼は理想主義者のように語るかと思えば現実主義的に行動した。労働者に同情するかと思えば，非情であった。個人主義を信奉していたが，巨大会社の官僚主義社会を創りだすことに貢献した。自由競争を信じ，みずからもはげしい競争に従事したが，彼は保護関税に一貫して反対だったわけでなく，ときにはプールにも参加した。そして最後には自分の鉄鋼会社をモーガン財閥に売りわたした。そのU.S.スティールは一時アメリカの鉄鋼生産の90％以上を支配したのである。

　カーネギーはパラドックスにみちた人間であった。しかし，彼の母国となったアメリカ自体もパラドックスにみちていた。カーネギーのパラドックスの多くは，アメリカのそれの反映であった。その意味でも，カーネギーが19世紀後半から20世紀はじめのアメリカを代表する人物であったことはうたがいがない。

▶注
1）　アメリカでは寝台車は鉄道会社と別会社で運行され，会社の名前をとってプルマン・カーとよばれた。

＊　カーネギーの伝記は注記ができないほど数多く書かれているので，比較・対照されたい。

アンドリュー・カーネギー略年譜

1835年11月25日	スコットランドのダンファームラインで生まれる。
1848年5月	両親と弟との4人でペンシルベニア州アレガニーに移住。週給1ドル25セントの糸巻き工となる。
1849年	ピッツバーグ電報局のメッセンジャーになる。そののち16歳のとき，電信音から直接通信解読ができることを発見，週給4ドルの通信士となる。
1853年	ペンシルベニア鉄道のトーマス・A.スコットにみいだされ，彼の秘書兼通信士となる。
1860年	ペンシルベニア鉄道ピッツバーグ線区の責任者となる。
1861年	南北戦争勃発とともに，ワシントンで軍事輸送の管理にあたる。
1862年	鉄製橋梁への需要に注目し，キーストン橋梁会社を再編成。
1865年	ペンシルベニア鉄道退社。
1868年	ユニオン製鉄所を設立。
1873年	すべてを新しいアメリカの産業——鉄鋼生産——に賭けることとし，それに専念する。
1881年	アメリカ最大の鉄鋼企業，カーネギー兄弟社設立。この年，イングランドとスコットランドを旅行。
1886年	『勝利する民主主義』を出版。
1887年	ニューヨーク出身のルイーズ・ウィットフィールドと結婚。
1889年6月	『ノース・アメリカン・レビュー』誌に「富」と題する論文を発表。この論文はのちにイギリスでも出版され，『富の福音』と解題される。
1899年1月	カーネギー鉄鋼会社を新しく組織されたU.S.スティール社に売却。2億5000万ドルの金債券（5％利子つき）を得る。
1902年	ワシントン・カーネギー・インスティチューション設立。
1906年	カーネギー教育振興財団設立。
1907年	ドイツ皇帝ウィルヘルム二世を訪問し，平和を要請。
1910年	カーネギー国際平和基金設立。
1919年8月11日	マサチューセッツの夏の家「シャドウ・ブルック」で84歳の生涯を閉じ，ハドソン河辺のスリーピー・ホローに埋葬される。

第6章　19世紀アメリカの都市と郊外

1　郊外化とは

　この章は，組織的な郊外化がアメリカでいつごろはじまったか，郊外化と交通との関係はどうであったかについて，歴史的に分析するためのものである。
　郊外とは何かを定義することはむずかしい。郊外はおそらく基本的には，中心都市とのあいだの機能的関係によって定義されるべきであろう。しかしここではさしあたり，大都市周辺の低密度住宅地域と考えることにする。郊外は都市とともに古くから存在した。アメリカ大陸でも，フィラデルフィア，ニューヨーク，ボストン，ニューオルリーンズにおいて，独立革命以前に市域外に住宅が存在したことは確実である。
　しかし，郊外に住宅が存在したということだけをもって郊外化とよぶことはむずかしい。郊外化とは郊外が中心都市よりもはやく，かつ組織的に発展したことでなければならない。
　19世紀のアメリカで都市が，急速に成長していたことは明らかである。しかし都市の膨脹過程のなかで，都市内における集中がすすんだか，あるいは分散がはじまっていたかについては議論がわかれていた。伝統的には集中がすすんだという考えが強く，分散―郊外化がすすんだとしても，それは1890年代，すなわち電気市街鉄道が導入されたのちのことであるとされてきた。しかし，もっとはやくから分散化がはじまっていたと主張した人もあった。そのなかには，グラハム・R. テイラー[2]，ジョージ・R. テイラー[3]，サム・B. ウォーナー・ジュニア[4]，ハーラン・P. ダグラス[5]，ロデリック・マッケンジー[6]などがあった。近

表 6-1　大都市とその郊外との人口増加率の比較（1800～1860年）

メトロポリス		1790～1800	1800～1810	1810～1820	1820～1830	1830～1840	1840～1850	1850～1860
ニューヨーク								
	市内	82.7	59.3	28.4	63.8	54.4	64.9	57.8
	郊外	48.3	85.1	63.0	114.6	135.4	167.3	88.5
ボストン								
	市内	36.1	35.5	28.1	41.8	38.5	61.0	29.9
	郊外	36.8	34.8	25.7	35.2	44.8	84.7	53.8
フィラデルフィア								
	市内	44.5	30.8	18.8	26.0	16.4	29.6	11.0
	郊外	53.8	47.0	25.3	47.8	51.7	74.8	48.8
クリーヴランド								
	市内					393.7	50.4	10.8
	郊外					128.0	89.2	72.4
セントルイス								
	市内			187.4	27.0	181.4	51.8	20.0
	郊外			33.3	52.0	135.9	309.9	100.7

（注）　単位：%。
（資料）　Jackson〔7〕p. 115.

年ではケネス・T. ジャクソンがこの問題に対する統計的研究[7]を発表している。

　表6-1はジャクソンにしたがって，アメリカの主要な5都市をとりあげ，中心都市と郊外との10年毎の人口の伸びを比較したものである。もし，郊外の人口の伸びが中心都市の人口の伸びよりもはやくなったときをもって郊外化のはじまりと考えることができるならば，ニューヨークでは1800年代，ボストンでは1830年代，フィラデルフィアでは1790年代，クリーヴランドでは1840年代，セントルイスでは1820年代に郊外化がはじまったということができる[8]。

　ジャクソンの研究は，郊外化の時期設定を歴史的に大幅にさかのぼらせることとなった。それはレールによる都市内旅客輸送のはじまるより前，ステージ・コーチかオムニバスの時代に設定されたのである。

　本章ではこれらの見解を吟味するため，19世紀における都市交通と郊外化の関係について素描し，そののち私見をまとめることとする。

2　オムニバス

　1825年ごろのアメリカの都市の交通手段は足であった。街は人々が歩くことを前提につくられていた。川のあるところでは舟，他都市との連絡にはステージ・コーチがあった。しかし，それらは都市交通とはいえなかった。都市内では商業地と住宅地がまじりあい，金持ちと貧乏人はしばしば隣りあわせに住んでいた。都市の周辺には無限にひろがる値段の安い土地があった。しかし，都市の住民は集まりあって住み，道路幅はせまく，家は小さく，一軒あたりの土地も小さかった。たいていの人は馬や馬車を所有する金も土地ももっていなかった。したがって，都市の中心部に住むことは便利なことであり，有利なことであった。

　1825年ごろの郊外は，中産階級の住むところではなく，スラムに近いところであった。屠殺場や皮なめし工場や染場はしばしば郊外にあり，郊外の空気はよどんだ水，死んだ動物，生ゴミなどによって異様な臭いがしていたといわれる[9]。

　1825年以降アメリカの都市は徐々に，しかし劇的な変化をとげることになった。都市地域の拡大にともなって，上流・中産階級が都市周辺部の人口密度の低い郊外に移動し，中心部周辺に貧困移民層が定着し，スラムが発生し，やがては中心地全体の荒廃につながっていったのである。

　アメリカの都市における土地利用の型の長期的な変化を，ただひとつの原因に帰することは不可能である[10]。しかし，19世紀のアメリカの都市における郊外化は，中心都市とのあいだの通勤，買物，その他の関係を前提としていたために，交通機関の発達がなければ起こりえなかったと考えることができる。そこでアメリカの都市における交通機関の発達を簡単にたどることとしよう。

　オムニバスという名前がはじめてアメリカにもたらされたのは，1831年ニューヨークにおいてであった[11]。ボストンに最初のオムニバスが現われたのは，1833年である[12]。もっともそれ以前にも，1時間毎出発の駅馬車（hourly stages）

があった。駅馬車はもともと都市間交通を受けもつものであったが、次第に近隣都市へひんぱんに往復するようになり、部分的に都市交通の役割を果たした。しかし、都市内交通を主たる目的とする大量輸送機関の最初のものはオムニバスであった。

1840年までにオムニバスは十分な発達をとげた。たとえばそのころのボストンでは、週日には150台ないし200台のオムニバスが運転されていたと推定される。もし1台のオムニバスが平均10名の乗客をのせて日に3往復していたとすれば、年350万ないし440万人がオムニバスを利用したことになる。

1850年までにオムニバスは、アメリカの諸都市を縦横に走りはじめた。またオムニバスは鉄道の停車駅向けの路線を増やし、そこで乗降する人々を運ぶ役割を果たした。オムニバスはせまい道路のうえを騒音をたてて走り、事故と混雑、雑踏といい争いは日常茶飯事となった。そして、1850年にはオムニバスはもはや都市交通の必要に応じきれない時代おくれの交通機関になりはじめていた。

3 蒸気鉄道と馬車鉄道

アメリカで最初に鉄道が営業しはじめたのは、1830年であった。鉄道は主として都市間交通を担当したが、都市内交通機関としても、限られた範囲であるが、役割を果たした。都市交通手段としての鉄道の重要性は、通勤旅客によってはかることができよう。たとえば、ボストン・ウースター鉄道は1838年にはじめて通勤者に1年間有効の定期券を発売したが、1843年にはボストン―ウェスト・ニュートン間に通勤列車を運転させている。1857年、この鉄道はボストンとボストンから10マイルの停車駅までのあいだの乗客を、約50万人輸送したと報告している。

オムニバスや鉄道は都市交通の歴史において、それぞれ重要な役割を果たした。しかし、短距離旅客輸送のもっとも大きな革新は馬車鉄道であったと考えられる。たとえば1860年メトロポリタン鉄道会社――当時ボストン最大の馬車鉄道会社――は1社で年650万人に近い乗客を輸送した。同年ボストン地域で、

延べ1350万人以上の人々が馬車鉄道を利用した[17]。

馬車鉄道はオムニバスをレールのうえにのせることによって、両者の長所をとりいれたものであった。それは1832年ニューヨークでジョン・メーソンという人物によって発明された[18]が、アメリカの諸都市にひろがったのは1850年代中ごろであった。その後馬車鉄道の延長は急速にのび、アメリカの諸都市の街路をうめた。馬車鉄道はオムニバスの約2倍の速度があり、騒音水準は低く、運賃はオムニバスの約半額であった[19]。当時のある著者は都市交通における「世紀の改良」であると述べている[20]。

図6-1 軌道のあと（ワシントンD.C.にて）アメリカではこのような場面もしばしば見られる

1880年代は、馬車鉄道にとって偉大な年月であった。1885年のマサチューセッツ州をとってみると、そこに34の馬車鉄道会社があり、その総資本は約800万ドル、軌道延長37マイル、そして1億人以上の旅客を輸送していた。その輸送には1万頭近い馬と2000台近い馬車が使用された[21]。

電気鉄道は1887年にはじめて導入されるが、それは基本的には馬車鉄道の動力が馬から電気に代わったにすぎなかった。マサチューセッツの1898年特別委員会の報告も、「市街（電気）鉄道がオムニバス路線にとりつけられた軌道（馬車鉄道）の発展にすぎないことは明らかである」と述べている[22]。電気鉄道は1902年ごろまで拡大をつづけた。1900年には電気鉄道の延長は1890年の3倍に達し、馬車鉄道はほとんど消滅した。このころになると電気鉄道は都市内交通だけでなく、都市間交通をも担当しはじめ、蒸気鉄道の乗客をうばった。その後1915年ごろまで電気鉄道延長は伸びなかったが、企業間の合併と併合がつづき、路線の統合がおこなわれた。しかし、1915年をすぎると電気鉄道は費用

の増加になやまされ，1920年代には自家用乗用車との競争に敗北した[23]。周知のように路面電気鉄道の路線は次第に撤去され，第二次大戦前には，少数の例外をのぞいて，アメリカのすべての都市からその姿が消えたのであった[24]。

4 なぜ人は郊外に移り住んだか

人々が住居を決定するにあたって考慮にいれる要因には，土地や住宅の価格とその大きさ，まわりの環境，通勤時間および通勤費用，買物や通学の便などがある。そして一方，いつでも所得が制約としてはたらく。新しい交通手段は旧来の都市交通手段にくらべて，時間と運賃をふくめた実質的な交通費用を低下させる。それゆえにこそ新しい交通手段が開発導入されたのである。そのような実質的な交通費用の低下は，人々の所得が以前と変わらなくても，都市中心部からより遠いところに住居を定めることを可能にする。もし都市中心部から遠いところの方が土地や住宅の相対的価格が低く，一定の価格でより大きい物件の購入や賃借ができ，まわりの環境が良いとすれば，その傾向はいちじるしい。

もし所得の高い人の方がより大きな土地と住宅をより強く選好し，住環境の良さにより高い価値をみいだし，時間価値をふくめた実質的な交通費用をマージナルなものと考えるとすれば，所得の高い人ほど住宅を郊外に立地させることになろう[25]。19世紀は今日とちがって家族の平均規模も大きく，家政婦なども容易に得られたということを考慮にいれておかなければならない。

今日までのところデータが十分に存在しないために，19世紀のアメリカの都市における住宅立地を説明する理論的計量的分析はない。しかし，都市交通機関が住宅の分散化をもたらしたという歴史的記述は少なくない。そのばあい，アメリカの都市における郊外の形成を電気鉄道とむすびつけて論じたものがもっとも多い。たとえば，C. E. ランドンは市街電気鉄道が近代都市の基礎的様式を形成したと述べているし[26]，G. ロイド・ウィルソンもほぼ同じ意見である[27]。エドワード・S. メーソンは電気鉄道の土地価格および都市内人口の分布にお

よほした影響を否定しないが，はるかに慎重で，都市内人口の分布は交通機関以外の他の要素によることも多いと述べている[28]。

蒸気鉄道による都市人口の分散を論じた人には，1806年以前の鉄道の発展とその効果に関する古典的な書物をだしたジョージ・R. テイラー[29]やニューイングランド経済史についてすぐれた著作をあらわしたエドワード・C. カークランド[30]がある。また当時のある技術者は1859年につぎのように書いている。「もしある人が1時間に4マイル歩くとし，家から勤務先まで1時間かかるとすれば，彼は勤務先から4マイル以上の距離のところに住むことはできない。……（居住可能）地域は50.25平方マイルである。もし彼が馬にのって1時間8マイルすすむことができれば……地域は201平方マイルである。もし彼が汽車にのって1時間に30マイル旅行できれば……地域は2827平方マイルとなる。このような分散の結果は，ボストンについてはっきりみることができる。1830年には，人々はボストン市内に住まなければならなかった。いまや彼はドーチェスター，……（周辺都市の名前），……など，（ボストンから）2マイルないし13マイルの距離のところに住んでいる[31]」。

馬車鉄道が郊外の発展に貢献したと考えた人は，少数ながら存在する。筆者もそのひとりであった。筆者は東部マサチューセッツのすべての都市を，馬車鉄道が導入された年によって分類し，人口の伸び，生産の伸びが馬車鉄道の導入と高い相関をもつことを明らかにし，ボストン近辺においては，馬車鉄道路線に沿ってアイルランド系移民労働者が定着し，それとともに古い移民からなる中産階級がさらに郊外へと移り住んだ過程を分析し，馬車鉄道路線に沿って星型の都市拡大がすすんだことを論じた[32]。ジョージ・R. テーラーは筆者の論文を引用し，アメリカの他の都市においても馬車鉄道によって星型の市街地形成がすすんだことを立証した[33]。

すでに述べたようにジャクソンの計測が正しいとすれば，郊外化はいくつかの都市において馬車鉄道以前のオムニバスの時代にはじまったことになる。たしかにオムニバスは世界最初の都市大量交通機関であり，それが都市内における実質交通費を低下させたことは明らかである。したがって，オムニバスは全

体として市街地を拡大する役割を果たしたと考えられる。

ただオムニバスは、今日のバスと同じように、固定的な軌道をもたず、需要の変動に応じて路線を自由に変更することができた。そのため需要より供給が上まわって、オムニバスが空車に近い状態で走ることはあっても、需要がほとんどないところに、オムニバスが需要に先行して路線を設定することはありえなかったと想像される。まず住宅が建ち、そしてオムニバスが走り、地価が上昇するというのが順序であった。

一方、組織的な郊外化のためには需要に先行して交通供給が存在する、つまり将来の需要増をみこして路線設定がおこなわれることが必要であった。その役割を果たしたのが馬車鉄道であった。オムニバスの大部分は、少なくともその最盛期には、駅者がすなわち所有者であるという個人経営のかたちをとっていた。馬車鉄道を経営するには固定資本が必要であった。したがって、馬車鉄道はかなりの規模の会社組織になっていた。経営者たちは路線の拡張に意欲的であった。会社間には競争があり、顧客を獲得する最善の方法は他社に先んじて路線を拡張することであった。こうして、需要に先行するかたちで交通投資がおこなわれた。もちろん、需要に先行して投資をすることは危険であった。路線を拡張しすぎて経営不振におちいり、やがて他社に合併、吸収されるというケースも相ついだ。しかし料金5セントの範囲は確実にひろまり、そこに住宅が建ち、地価も上昇したのであった。

こうしてみると、郊外化のはじまりを固定的な軌道をもつ交通機関におくことは正しいように思われる。ジャクソンの計測は都市部と郊外との境界設定に問題があるか、あるいは郊外の規模があまりに小さいために伸び率だけが高くなったかのいずれかではないかと想像される。いずれのばあいにしろ、馬車鉄道以前においては市外に住む人たちといえば、ときたま個人馬車で都心に行けばすむ近郊農民か、都心との関係がきわめて稀薄な人たちか、屠殺、皮なめし、染色など公害を発生させる産業に従事する人たちであった。その意味では、現代的な意味における郊外とは、ほとんど無縁であったということができよう。

5 郊外化に果たした交通機関の役割

こうして,すべての都市交通機関は都市地域の拡大と都市人口の増大に貢献した。ただオムニバスはあとに現われる交通機関ほど信頼性がなく,固定的な軌道をもたなかったために組織的な郊外化をもたらさなかった。都市における土地利用の形態にも基本的な変化は生じなかった。交通機関の路線に沿った郊外地の発展と通勤交通のはじまりは鉄道によるものであった。しかし,地域間交通と貨物輸送をになった鉄道の都市における密度は低く,郊外の発達は限られていた。その間隙をうめたのは馬車鉄道であった。馬車鉄道は路線に沿った新しいかたちの都市形成をうながし,都市地域全体における土地利用の形態に大きな変革をもたらした。電気鉄道はその傾向を増幅したと考えられる。

こうしてみると,郊外化を人口の伸び率だけで判断することは危険であり,郊外と都心とのあいだの機能的な関係に注意をはらうことが必要であることがわかる。ジャクソンの研究は,その意味で単純な計量化のもつ欠陥をわけもっているといえるのではないであろうか。

▶注
1) suburb(あるいは burgus, suburbium, faubourg)という言葉は2000年以上の歴史をもっている。それはウルの周辺にひろがった荘園や,帝政時のローマ周辺の邸宅,中世のツールーズ壁外の住宅密集地を記述するために用いられた。ジョン・ウィクリフは1380年に suburbis という言葉を用いたし,チョーサーも『カンタベリー物語』の会話のなかでその言葉を用いている。1500年までにロンドンではその言葉はふつうに用いられており,Suburban という形容詞も17世紀までには一般に用いられるようになったという(Jackson〔6〕p. 107)。
2) Graham Taylor〔21〕.
3) George Taylor〔23〕.
4) Warner〔25〕.
5) Douglass〔2〕.
6) McKenzie〔11〕.

7) Jackson〔7〕.
8) ジャクソンは，郊外について別の定義がありうることを指摘している。たとえば，郊外における人口の伸び率が都心のそれを上まわることに加えて，都心部の人口密度の低下を条件として加えるならば，フィラデルフィアの郊外化のはじまりは1860～1890年にまで下がることになる（*Ibid*., p. 122）。
9) Jackson〔6〕p. 198.
10) 都市内における長期的な構造変化をもたらした要因には，都市内交通機関の発達の他に，つぎのようなものが考えられる。

　　ⅰ) 都市人口全体の伸びと貧困者の都市内定着

　　1840年の都市人口は全人口の11％以下であった。同年人口10万以上の都市は4つであり，そこに住む住民の数は100万人に足りなかった。1910年には都市人口は45％をこえ，人口10万以上の都市は44，そこに住む人の数は2700万をこえていた。このようなアメリカ全体の都市化と都市の郊外化は，区別されるべき現象であるが，都市におしよせる人口を吸収するために，都市地域の拡大が必要になったという側面は否定することができない。

　　拡大しつつあったアメリカの都市には，アイルランドや東南ヨーロッパからの貧乏な移民の第一世代が定着した。彼らはしばしばヨーロッパの田舎から出てアメリカの都市に定着したから，移民は大西洋をこえた規模での都市化を意味したといえよう。ロシア人，アイルランド人移民の6分の5以上，イタリア人，ハンガリー人移民の4分の3は都市に定着した。

　　貧乏な新来者がなぜ都市の中心部に定着し，それがスラム化していったかという問題に対する答えは簡単ではない。しかしその重要な理由のひとつとして，つぎのような事情が考えられる。都市交通の発達にともなって郊外に転出した上流・中産階級の土地や建物の多くは不動産業者の手にわたった。一方，都市の発展とともにCBD（中心商業地）は拡大しつつあり，不動産業者の手にわたった土地は値上がりの可能性をひめていた。したがって，不動産業者はCBDが拡大するまで所有権を維持するだけで利益があると考え，建物の修理や改善のための投資をおこなわなかったと考えられる。こうして新移民の多くが住むことになった中心部の住宅地域は荒れるにまかせられた。

　　ⅱ) 都市内における工場の拡大とそれにともなう各種職業の増加および公害の拡大

　　CBDの拡大は工場，商店，オフィスなどの数と平均規模拡大の結果であった。1860年までは商業，1860年以降は製造業の貢献が大きい（Riefler〔19〕）。フィ

ラデルフィアをとってみると，1860年から1930年のあいだに人口は4倍にもならなかったのに対して，100人以上雇用している工場で働く人々の数は50倍以上にもなっている。これらの工場は鉄工所，化学工場，石油精製などで悪臭と騒音を発した。その結果，仕事場と住宅を分離させる傾向が生じた。もちろん，すべての大工場が都市の中心部に存在したわけではない。工場もまた混雑，高土地価格をさけて郊外に移動する傾向があったが，それが一般的になったのは19世紀末からである。また後述するように，都市交通機関も大量に馬を利用したことから生じる悪臭とかなりの騒音を発生した。

iii）〈Suburban Ideal〉の一般化

相当数の上流・中産階級が郊外に住みはじめると，郊外に住むことは良いことであり，個人的な出世，成功を意味することであり，アメリカ的な理想の実現であるという考えが生じた。Suburban Ideal の出現がいつごろであったかを明示することは不可能であるが，それがいったん成立すると，人々は郊外に住むことを目標として努力することとなった。

11) Millier〔14〕p. 1.
12) そのオムニバスには「ガヴァナー・ブルックス」という名がつけられた。「ガヴァナー・ブルックス」は4頭立てで車内に18の座席をもち，さらに展望席が6つあって，総計24人を収容できた（Crocker〔1〕pp. 23-24）。
13) *Ibid.*, p. 23.
14) オムニバス事業が経営的にはじめて成功したのは，1819年パリにおいてであり，その創設者は銀行家であり政治家でもあるジャック・ラフォットであったといわれる。
15) 榊原〔26〕176—177ページ，186ページ注33。
16) George Taylor〔23〕p. 390.
17) 〔4〕p. 3 ;〔18〕.
18) Miller〔14〕p 17
19) Eaton〔3〕pp. 4-19.
20) *Ibid.*, p. 4. 馬車鉄道は都市の騒音問題を部分的に解決した。当時の著者は，馬車鉄道は「雪でおおわれたときのように音がしない」と述べている（*Ibid.*, p. 5）。しかし，悪臭問題はかえって増加した。都市内を走る馬の数が増え，馬糞の臭いが強まったからである。しかし，馬車鉄道会社が管理する厩舎の馬糞は近隣農家に肥料として売られ，馬車鉄道会社の収入源のひとつとなった。
21) 〔12〕p. 182ff.

22) 〔17〕 p. 11. この特別委員会は市，町，市街鉄道会社の関係を調査するためのものであった。
23) 榊原〔27〕；Mason〔13〕（本書第7章参照）。
24) 高架鉄道（シカゴ），地下鉄（ニューヨーク，ボストン），ケーブルカー（サンフランシスコ）などは後までのこった。
25) 所得が高くなるにつれて運賃はマージナルな支出となるであろうが，通勤に要する時間の価値は高くなる。時間価値が十分に高くなれば，都心近くの高級アパートに住むことも考えられられる。しかし，19世紀なかばの所得分配は20世紀はじめにくらべれば，平等であったと考えられ，都心に住まなければならないほど時間価値の高かった人は少数であった。
26) Landon〔9〕pp. 187-188.
27) Lloyd〔10〕p. 617ff.
28) Mason〔13〕p. 193ff.
29) George Taylor〔22〕p. 390ff.
30) Kirkland〔8〕p. 348ff. また J. D. フィリップスは，イースタン鉄道のローレンス線についてつぎのように書いている。「ローレンスを早朝6時すぎに出発する列車は，労働者を家庭から職場の近くまで輸送する。午前8時少し前にでるつぎの列車はセイラムの法廷に行く弁護士，ボストンへ行く実業家，ダンバー，セイラムの高校へ，あるいはボストンの学校へ行く生徒たちを輸送する。10時の列車は，セイラムまたはボストンへ買物にでかける婦人たちが上得意であった。その彼女たちは4時の列車で帰り，男や生徒たちは5時ないし6時の列車でそれぞれ家路をたどるのであった」(Phillips〔16〕p. 251)。
31) Vose〔24〕p. 4.
32) Sakakibara〔20〕.
33) George Taylor〔23〕. "The Beginnings of Mass Transportation…," *passim*.
　なお，移民史家の Oscar Handlin も馬車鉄道とともにアイルランド系移民の居住地域がひろがったことを述べている（Handlin〔5〕p. 99ff）。

▶参考文献

〔1〕 Crocker, G. G., *From the Stage Coach to the Railroad Train and the Street Car*, Boston, 1900.
〔2〕 Douglass, Harlan Paul, *The Suburban Trend*, New York, 1925.
〔3〕 Eaton, Alexander, *A Practical Treatise on Street or Horse Power Railways*,

第6章 19世紀アメリカの都市と郊外　111

Philadelphia, 1859.
〔4〕　*The Fifth Return of the Metropolitan Railroad Corporation for the Year Ending November 30*, 1860, Boston, 1860.
〔5〕　Handlin, Oscar, *Boston's Immigrants, 1790-1865 : A Study in Acculturation*, Cambridge, 1941.
〔6〕　Jackson, Kenneth T., "The Crabgrass Frontier : 150 years of Suburban Growth in America," R. A. Mohl and J. F. Richardson, eds., *The Urban Experience : Themes in American History*, Belmont, California, 1973.
〔7〕　―――, "Urban Decentralization in the Nineteenth Century : A Statistical Inquiry," L. F. Schnore, ed., *The New Urban History*, Princeton, 1975.
〔8〕　Kirkland, Edward C., *Men, Cities and Transportation, A Study in New England History, 1820-1800*, Cambridge, 1948.
〔9〕　Landon, C. E., *Transportation: Principles, Practices, Problems*, New York, 1951.
〔10〕　Lloyd, Wilson, G., *Transportation and Communications*, New York, 1954.
〔11〕　McKenzie, Roderic, *The Metropolitan Community*, New York, 1925.
〔12〕　*Massachusetts Public Documents*, 1885, No. 14. *Seventh Annual Report of the Board of Railroad Commissioners*.
〔13〕　Mason, Edward S., *The Street Railway in Massachusetts : The Rise and Decline of an Industry*, Harvard Economic Studies, Vol. XXXVII, Cambridge, 1932.
〔14〕　Millier, J. A. *Fares, Please ! From Horse-cars to Steamliners*, London, 1941.
〔15〕　Mohl, R. A. and J. F. Richardson, eds., *The Urban Experience : Themes in American History*, Belmont, California, 1973.
〔16〕　Phillips, James Duncan "Transportation in Essex County," The Essex Institute, *Historical Collections*, Vol. 1, LXXXV, Salem, 1949.
〔17〕　*Report of the Special Committee of 1898*, Boston, 1898.
〔18〕　*Returns of the Railroad Corporations in Massachusetts*, 1860, prepared by Oliver Warner, Boston 1861.
〔19〕　Riefler, Roger F., "Nineteenth-Century Urbanization Patterns in the United States," *The Journal of Economic History*, Vol. XXXIX, No. 4, Dec. 1978.
〔20〕　Sakakibara, Yasuo, "Horse-drawn Street Railway in Eastern Massachusetts 1855-1875." Unpublished MA thesis, 1956, Amherst College.

〔21〕 Taylor, Graham R., *Satellite Cities: A Study of Industrial Suburbs*, New York and London, 1915.

〔22〕 Taylor, George Rogers, *The Transportation Revolution 1815-1860*, Rinehart, 1951.

〔23〕 ─────, "The Beginnings of Mass Transportation in Urban America," *Smithsonian Journal of History*, 1, No. 2, pp. 35-50, No. 3, pp. 31-54, 1966.

〔24〕 Vose, George Leonard, *Handbook of Railroad Construction*, Boston, 1859.

〔25〕 Warner, Sam Bass, *Streetcar Suburbs: Process of Growth in Boston, 1870-1900*, Cambridge, Mass., 1962.

〔26〕 榊原胖夫「交通，都市化および経済発展──オムニバスから馬車鉄道へ──」『経済学論叢』（同志社大学）第9巻2号，1959年3月（榊原胖夫『経済成長と交通政策』法律文化社，1961年に収録）。

〔27〕 榊原胖夫「マサチューセッツの電気鉄道」Ⅰ，Ⅱ『経済学論叢』（同志社大学）第9巻5号，1959年6月；第10巻6号，1961年1月（Ⅰのみ前掲書に収録）。

第7章 現代都市の形成

1 はじめに

　前章で，固定的な軌道と固定的な運賃が土地利用のパターンを決定し，土地価格の上昇をうながしたことを示した。本章はアメリカの都市と郊外が，20世紀にはいってどのように変化したかを論じるためのものである。

　1890年代に，たいていのアメリカの都市では馬車鉄道の動力が電気に代わった。すでに述べたように基本的には電気鉄道は馬車鉄道の延長であり，馬車鉄道にはじまった傾向を加速したものであった。ただ電気鉄道は平均すると馬車鉄道の2倍のスピードをもっており，加速の程度は大きいといわなければならない。ピクレルによると，交通手段別の旅行のスピードと1マイルあたり所要時間は表7-1のようになっている。

　また電気は都市内における馬の数を減らし，馬糞公害を減少させるとともに，馬糞を近隣農家に売却するという鉄道会社にとって重要な収入の減少をもたらすことにもなった。

　やがて，自動車がアメリカの街に出現した。自動車はアメリカの都市のかたちをさらに変化させることになった。そして，自動車の発達にともなう都市の土地利用の変化は21世紀はじめになってもまだつづいている。しかし，本章では主として1900年から1930年の30年間を中心に論じることにしたい。この時期自動車交通のいちじるしい発達があったにもかかわらず，市街電車が凋落したわけではなく，乗用車と並存して都市発展に貢献していた。

表 7-1　技術進歩が移動の速度と時間におよぼす影響

	導入時期	ドア・ツー・ドアの交通機関の平均的な速度(時速マイル)	マイルあたり所要時間(分)
徒歩		3	20
オムニバス	1827年	4	15
馬車鉄道	1835年	5	12
ケーブル・カー	1875年	8	7.5
電気鉄道	1890年	10	6
高速鉄道	1910年	15	4
バス	1915年	20	3
自家用車	1920年	30	2

（出所）　Pickrell〔6〕p. 412.

2　ストリートカー・サバーブズ

電気鉄道の歴史区分　マサチューセッツの電気鉄道については，エドワード・メーソンの研究がある。メーソンはマサチューセッツの電気鉄道の歴史を4つの時期に分けている。

(1)　1890～1902年　拡大と発展の時期
(2)　1900～1915年　合併・統一の時期
(3)　1915～1920年　費用増大の時期
(4)　1920年以降　　自動車との競争の時期

　メーソンの研究はマサチューセッツ州に限られているが，彼の時期区分はおよそ全国の電気鉄道に適応するものと考えられる[2]。表7-2はアメリカ全体および主要州の電気鉄道の密度を示している。

　世紀の交にアメリカの都市に住んでいた人たちにとって，電気市街鉄道が土地価格を上昇させ，住宅を分散させ，商業や工業の立地に影響したことは，日常経験するところであった。それは，わざわざ証明する必要がないほど自明のことであった。1898年のマサチューセッツ州特別委員会報告書は，より広い地

表7-2 電気鉄道の密度

	1902年	1907年	1912年	1917年	1922年	1927年
軌道延長						
全国	21,681.9	32,485.9	38,333.6	41,446.7	40,364.3	37,027.5
マサチューセッツ	2,377.6	2,721.8	2,802.4	2,956.9	2,557.9	1,923.3
ニューヨーク	2,669.7	3,595.5	4,274.3	4,492.3	4,445.2	4,033.4
ニュージャージー	833.2	1,262.1	1,230.3	1,260.2	1,241.1	1,004.5
ペンシルベニア	2,378.5	3,449.6	3,897.6	4,058.6	4,046.9	3,710.2
1000平方マイルあたりの軌道マイル数						
全国	7.16	10.72	12.66	13.69	13.34	12.23
マサチューセッツ	287.64	329.28	339.03	357.72	309.48	232.68
ニューヨーク	54.26	73.07	86.87	91.30	90.34	81.97
ニュージャージー	101.31	153.47	149.6	153.23	150.91	122.14
ペンシルベニア	52.71	76.44	86.37	89.94	89.68	82.22
人口10万人あたりの軌道マイル数						
全国	27.46	37.40	40.54	40.88	37.08	31.55
マサチューセッツ	81.72	85.40	81.03	79.92	65.10	46.58
ニューヨーク	35.10	42.22	45.69	44.98	41.16	33.88
ニュージャージー	41.68	54.39	46.37	43.02	35.77	22.84
ペンシルベニア	36.29	47.73	49.55	48.38	45.49	39.66

(注) 単位:マイル。
(出所) Mason〔4〕p.13.

域への人口の分散は,電気鉄道システムの急激で精力的な活動によって,非常に短い期間にもたらされたものであった[3],と述べているし,1918年のマサチューセッツ州の電気鉄道委員会は「中心部をはなれた住宅地の発展およびそれにつづく商業活動の発展は,新しい地域を職がある地域に近づけた交通および運送設備の拡張に密接にしたがっている」[4]と論じている。

もっとも,このことを統計的に実証することは容易ではなく,そのため市街鉄道と土地利用の相互関係を否定する見解もないではない[5]。しかし,その見解は十分な証拠がないという意味であって,逆に関係を否定するに十分な証拠もないといえる。

住宅立地の理論　　理論的にはつぎのように論じることが可能である。交通費は住居と企業の立地決定にもっとも大きな影響を与える。

家計は，職のある場所への通勤コストが，より遠いところに住むことから生じる住居費の節約と，均衡するところに立地する。つまり家計には職のある場所からみて均衡的な住宅立地距離が存在し，それがまた通勤需要をも決定する。交通費が下落すれば新しい均衡点はより遠い地域に住居を設定することによって達成される。

企業の立地も同様に，原材料の輸送費，最終生産物の輸送費，労働者の通勤費と都市内の地代によって決定されることになる。こうして交通は都市内の土地利用にもっとも重要な役割を果たす。[6]

しかし，理論モデルには捨象された部分がきわめて多い。交通費のなかに占める時間要素をどうとりこむか，通勤時に本や新聞が気楽に読めるかどうか，職場以外に消費やアミューズメントおよび通学のためのトリップをどう評価するか，あるいは住宅が立地する地域にコミュニティが形成されているかどうか，交通以外のインフラストラクチュア――上水道や，下水道，ゴミ収集など――がどの程度整備されているか，それに対する自治体の政策や姿勢も住宅の立地に影響をあたえる。もともと，都市や郊外の発展が都市交通の発達にのみ依存すると考えるのは正しくない。郊外の発展には職の増加，平均賃金の上昇，職の立地箇所の固定化などの条件がある。

むかしから産業は収斂的傾向をもち，交通は分散的傾向をもつともいわれ，都市の発展はその両者の力のバランスに依存するという考えがあった。たしかに19世紀においては，大きな産業が郊外に立地することは少なかった。また，ショッピングやその他消費活動の中心も都心にあった。

住宅開発と電気鉄道　歴史的にみた交通と郊外発展の相互作用はおよそ次のようなものであった。

まず不動産業者が郊外に土地を買い，そこに電気鉄道を誘致しようとする。成功すれば土地価格が上昇し，開発によって大きな利益を得る。電気鉄道ができると住宅が多く建設され，人々の通勤がはじまる。それとともに駅の周辺に新たな商業地ができる。[7]電気鉄道ができてから不動産業者があとを追うという例は，ごくまれにしかみあたらない。そのような現実をみて，当時から鉄道の

開通によって地価上昇という利益を得た人は，建設資金を提供するべきであるという開発利益の還元の議論が盛んにおこなわれた。とくに，自動車の普及によって電気鉄道の経営危機が表面化してからのちは盛んに論じられたが，実現はしなかった[8]。

電気鉄道の運賃が基本的に均一料金制であったことも，住宅と商業の立地および土地価格に影響をあたえた。マサチューセッツ電気鉄道委員会は「ボストンにおいて郊外が発展した大きな理由のひとつは，不動産業者たちが自分たちの土地が5セントの料金の範囲内にあるということを大きなスローガンにしたためであった」と述べている。

電気鉄道のなかには，路線が拡大するにつれて区間運賃を採用するものも現われた。区間運賃はまたあらたな都市開発につながった。マサチューセッツ郊外のリンのばあい，均一料金制であった1916年から17年において工場地域における空き家の数は217戸であったが，1919年，区間運賃制が採用されることになり，工場地域の空き家の数は27戸となった。リンの工場地域で働く女性たちが15セントあるいは18セントの運賃を支払わなければならなくなり，彼女たちは郊外で生活することができず，リンの下宿屋に住むようになったからであった[9]。

料金が均一制であると，人々の住宅立地における主要関心事は時間のみになる。すでに述べたように，時速が2倍になると通勤可能距離は2倍に増える。このようにして電気鉄道路線に沿って住宅地や商業地がひろがることとなり，たいていのアメリカの都市は星のような形に成長した。そして中心地から遠くに行けば行くほど，放射状に伸びた2本の鉄道のあいだには扇形にひろがる低利用地があった。

3　自動車の出現

おくれをとった自動車の発達　アメリカにおける自動車の発達と普及は，ヨーロッパ諸国とくにフランスにおくれをとった。

世紀の交，アメリカには約8000台の乗用車があった。その半数はヨーロッパ製であった。アメリカ人の大部分は，乗用車を馬車鉄道や電気鉄道に代わりうる交通手段としてみておらず，せいぜい自転車の延長か，大人のおもちゃと考えていた。20世紀初頭の都市間交通，都市内交通の主役は電気鉄道であり，その軌道はアメリカ中にひろがっていた。今日でも自動車をオートモービル（automobile）というのは，それがフランスからの輸入であったからである。多くのアメリカ人は乗用車のことを「馬のない馬車」（horseless carriage）とよんでいた。乗用車のエンジンはいまでは考えられないほどやかましい音をたて，人の目をひいた。そのエンジン音は当時どこにでもいた馬をおどろかせ，自動車の車輪は舗装のない都市や郊外で埃をまきあげた。多くのアメリカの都市ではイギリスの先例にしたがい，自動車のスピードを時速4マイルに制限し，「赤旗をもった人が自動車の前を走って先触れをするべし」とする法律をとおした。[10]

いまひとつの大きな問題は，自動車がとおる道であった。アメリカの都市間には舗装された道路はまったくないといってよかった。多くの道路は比較的たいらなとおり道にすぎなかった。道路標識もなく，いったん町をでるとどこを走っているのか，定かでないことが多かった。ランドマクナリ社やその他の地図会社が小さな自動車用の道路マップを出版していたが，それにはカーブや目印になるもの，橋やとおり道の住居なども書かれていた。ガソリンスタンドやサービスステーションももちろんなかった。運転はまさに冒険であった。

都市内道路にはコブルストーン（丸型石）をうめこんだ舗装道路もあった。しかし，コブルストーンの道路は運転のスムーズさに欠け，騒音をいっそう大きくした。道路上に切り株が残っていたりすると馬車はそれをうまく避けて通れたが，自動車は立ち往生しなければならなかった。

ウッドロー・ウィルソンは1906年に，自動車は金持ちに対する嫉妬をひろげ，社会主義をもたらすと論じた。自動車に対する批判は1920年ごろまでつづいた。自動車による旅行は最後の荒野を行くのと同じであるとか，それは世界でもっとも興奮度が高いスポーツであるとか，自動車産業ほどこの世で重要でない製造業は存在しないとか，それは閉鎖されるべきであるとか，自動車こそ不便の

象徴であるとか論じた新聞や雑誌は絶えたことがなかった。

図7-1　ヘンリー・フォード

しかし，アメリカでも重要な交通革命が生じつつあると考える人たちもいた。フランスとちがって，アメリカでは低価格の庶民のための乗り物をめざした自動車会社が1908年までに24社も存在した。

ヘンリー・フォード　ヘンリー・フォードはガソリンエンジンを発明したわけではなかった。彼は自動車技術の発展に大きな貢献をしたわけでもなく，普通人のための経済的な車をつくろうとした最初の人でもなかった。しかし1908年，いわゆるモデルTができてから以降，彼は伝説の人となった。今日でも彼は近代産業技術の創始者のシンボルであると考えられている。フォードは，1914年にミシガンのハイランドパーク工場でアセンブリ・ラインを創設した。1919年にはリバールージュに大工場を建設した。こうして自動車製造業は大企業となった。

1910年に950ドルだったモデルTは，1924年には290ドルとなった。この間，賃金や価格は上昇していた。そのため，1924年には平均的労働者2カ月分の給料で自動車が買えるようになった。自動車登録台数はいちじるしく増加した。1920年までにアメリカは完全にヨーロッパ諸国を追いこし，1930年までに5人に1人が乗用車を保有することになり，アメリカは世界で最初に自動車文明に突入した。自動車登録台数の推移は表7-3のとおりである。

道路と自動車　自動車は個人の所有物であった。しかし，その所有者は公的なスペースのうえでそれを運転しなければならない。鉄道や市街電気鉄道は自分たちの軌道を建設し，そのうえを走っていた。自動車交通の発展は行政にとって未知の世界であった。選択肢は基本的にふたつであった。ひとつは道路使用者に対して道路を維持し拡張するに十分な使用料を課すこと

表7-3 自動車登録台数の推移

	自動車	バス	トラック
1900年	8.0		
1905	77.4		1.4
1910	458.3		10.1
1915	2,332.4		158.5
1920	8,131.5		1,107.6
1825	17,481.0	17.8	2,569.7
1930	23,034.7	40.5	3,674.5

(注) 単位：1,000台。
(出所) 合衆国商務省〔9〕第2巻，716ページ。

表7-4 舗装マイル数

1904年	154	1919年	350
1905	161	1920	369
1906	168	1921	387
1907	176	1922	412
1908	183	1923	439
1909	190	1924	472
1910	204	1925	521
1911	217	1926	550
1912	231	1927	589
1913	244	1928	626
1914	257	1929	662
1915	276	1930	694
1916	295	1935	1,080
1917	313	1940	1,367
1918	332		

(注) 単位：1,000マイル。
(出所) 合衆国商務省〔9〕第2巻，710ページ。

であった。いまひとつは，私的交通を維持するために一般税収を使うことであった。結局のところ後者が採用されることになった。それは自動車交通の便益が理解されたことや，インタレスト・グループからの圧力によるものであった。しかし，1920年以降政府による道路投資が急速に拡大したのは，第一次大戦中に明らかとなった鉄道輸送の非効率性のためであった。軍事物資の輸送を鉄道にゆだねざるをえなかった第一次大戦中に，鉄道は役立たずという人々の認識がひろがってしまったのである。

都市内の馬の数を減らすということは，公害防止の観点から善であると考えられた。馬糞にくらべれば自動車の排ガスはクリーンで，馬糞排除のコストをも下げた。したがって，都市内道路の整備は自動車保有者だけでなく，市民全体にとってプラスであると考えられ，税金が使われることに大きな反対はなかった。地方自治体は舗装する前に新しいルートを決定し，木の幹や岩を取り除き，泥や埃のせいで凸凹になった道をならす必要があった。舗装の方法は3つあった。ひとつは昔からのコブルストーンであり，いまひとつはアスファルト

であり，そしてもっとも堅固な舗装はコンクリートであった。**表7-4**は舗装マイル数の増加を示している。

都市間交通についてはウィリアム・K.ヴァンダビルドがロングアイランド自動車専用道路(ハイウェイ)をつくったのがはじめで（1906～1911年），その道路はコンクリートでつくられ，スピードは自由であり，四方の交通と分離するために橋やトンネルを設け，料金所をそなえた自動車専用の道路であった。つづいて，ブロンクス・リバー・パークウェイが着工され，1923年に完成した。20年代になるとニューヨーク地域では，ハッチンソン・リバー・パークウェイ（1928年），ソーミル・リバー・パークウェイ（1929年），クロス・カウンティ・パークウェイ（1931年）が建設されて，本格的な都市間の自動車専用道路が建設されていくこととなった。

道路の整備は主として州，郡および市町村にまかされていた。1916年に連邦補助道路法が成立したが，その目的は地方郵便道路の建設であった。郵便は連邦の業務であったが，道路は地方政府の権限であったために，連邦の道路事業への関与を郵便事業との関係において認めたものである。

1921年の連邦道路法は，各州について州道の7％を超えない範囲で連邦の補助をうける州際道路を定め，州もこれに対して同額の補助を認めることとなった。しかし，**表7-5**に示すように，連邦が補助道路のために投入した資金は

表7-5 連邦補助道路に投入された連邦資金

年	投資額	年	投資額
1917～21	95	1929	80
1922	80	1930	100
1923	57	1931	228
1924	93	1932	95
1925	100	1933	223
1926	93	1934	311
1927	84	1935	218
1928	83		

（注）　単位：100万ドル。
（出所）　合衆国商務省〔9〕第2巻，711ページ。

表7-6 連邦・州・地方政府をあわせた交通投資

年	道路	道路以外の交通
1927	1,819	257
1932	1,766	200
1934	1,829	215
1936	1,945	271
1938	2,150	267
1940	2,177	377

（注）　単位：100万ドル。
（出所）　合衆国商務省〔9〕第2巻，712―715ページ。

わずかであり，それが増えはじめるのはニューディール期になってからであった。それは州の財政が危機的な状況におちいったために，連邦が肩代わりせざるをえなくなったからであった。ただし，表7-6に示すように連邦と州をあわせた道路投資の総額はニューディール期になってもたいして増えず，景気回復策としては役立たなかった。[11]

しかしながら，表7-4に示すように，連邦補助道路も含めた州が管理する道路の舗装マイル数は着実に増え，1917年には1904年の約2倍，1928年には17年の約2倍になっている。このように道路整備は州や自治体主導のもとに着実にすすんだ。

4　オートモービル・サバーブズ

トラックと都市化　都市地域と非都市地域の人口は，1900年から1930年のあいだに大きな変化をとげた。表7-7からわかるように，1920年にはアーバン・エリアの人口がルーラル・エリアの人口を上まわっている。この30年のあいだにアーバン・エリアの人口は大幅に増えた。もちろんアーバン・エリアの人口増加がすべて交通のせいであると論じることはできないが，交通の発達がなければこれほど急激な都市化は生じなかったであろう。20年から30年のあいだの都市人口の増加に自動車交通も大きく貢献した。

都市化にとって重要な要因のひとつは，トラック輸送の発達である。1905年には1万4000台しかなかったトラックが，1930年には367万台に増えている（表7-3参照）。トラック輸送が発達したことによって物資の市内搬入コストが低下し，しかも物資の供給先が多様化することによって，都市そのものの拡大に貢献したと考えられる。トラックは直接住宅の立地に影響しなかったかもしれないが，中心部と郊外を含めたアーバン・エリア全体の拡大を促進したのであった。トラックの増加は都市部よりはルーラル・エリアにおいて大きかったが，その利用形態はルーラル～ルーラルの輸送ではなく，ルーラル～アーバンの輸送であった。

トラック輸送の発達は企業立地にも変化をもたらした。ボストンを例にとると，1909年から1919年のあいだに中心部（ボストンコモンから2ないし6マイル）の[12]

表7-7 アーバン・エリアとルーラル・エリアの人口比

年	1900	1910	1920	1930	1940
アーバン	39.7	45.7	51.2	56.2	56.5
ルーラル	60.3	54.3	48.8	43.8	43.5

（注）単位：％。
（出所）合衆国商務省〔9〕第1巻，11ページ。

製造業の雇用は，それより遠い地域の製造業の雇用よりはるかにはやい勢いで増加していた。しかし，1915年から1930年には雇用の分散化がはじまった。よりよい道路と物資集散の新しい方法が郊外での操業を可能にし，そこにより効率的なレイアウトの1階建工場が数多く建設された。1920年から30年のあいだに都心部に立地する工場の雇用者の割合は，アメリカ合衆国の人口10万人以上のすべての都市で減少した。[13]

工場の移動にともなって，倉庫や配送センターも都市周辺に立地するようになった。とくに1925年以降，貨物が鉄道からトラックへうつるにつれてこの傾向は加速した。ニューヨークでは食料品，肉，酪農製品，重機械，木材，宝石，貴金属等の産業は，マンハッタンから各方向の郊外やニュージャージー州北部の衛星都市にひろがっていった。個人馬車にとって代わった自動車は，馬の数をさらに減らした。1910年から1920年のあいだにニューヨーク市の馬の数は12万8000頭から5万6000頭へ，シカゴでは6万8000頭から3万頭へ，ボルティモアでは1万5000頭から7000頭へ，クリーヴランドでは1万6000頭から4000頭に減少した。[14]

住宅立地の変化 道路が建設され，自動車が普及してくると扇形にひろがっていた電気鉄道間の低利用地が，住宅地として活用されはじめた。いわば電車の線から道路の面への土地利用の展開であった。しかし，特徴的なことは自動車による郊外化は一軒あたり土地の大きさを増やし，密度の低い住宅の展開につながったことである。フィラデルフィア，クリーヴランド，ボストン，デトロイト，ロサンゼルス，アトランタ，デンバーおよびヒューストンなどの都市で住宅密度の低下は，1900～30年のあいだに集中的に生じ

ている。新しい郊外地に一戸建住宅が多く建てられたためである。1940年以降は密度の低下は小さくなり，安定的となっている。密度の低下は公共交通が利用できる地域にくらべると，扇形の中間地の地価が比較的安かったためであると思われる。電車による通勤は自動車による通勤よりも相対的にコストが低く，かつ駅周辺には商業集積ができ，地価は高かったのである。一軒あたりの土地は，ストリートカー・サバーブにくらべてオートモービル・サバーブの方が平均すると約5：3の割合で大きかったといわれる。製造業の移転と住宅の郊外化のために都心の住宅や事務所の多くは，駐車場やサービス・ステーションに代わっていった。

より広い土地が利用できるようになって，住宅そのものも変わりつつあった。道路わきに建っていた住宅には公的空間と私的空間との緩衝地域が必要で，パーラと呼ばれていたスペースは，そのために必要な玄関の役割を果たしていた。より広い土地に建つ住宅にはフロント・ヤードがあり，パーラはフロント・ルームになり，お客を接待するために使われるようになった。

5　おわりに

自動車による都市化と都市における土地利用の形態の変化は，現在もつづいている。しばしば1970年代までは都心が空洞化するとともに郊外が発達し，都市地域全体は拡大をつづけたといわれる。1970年以降は，都心と郊外を含めた都市地域全体の衰退を主張する人が少なくない。巨大ショッピングセンターやその他の商業施設や工場が郊外に立地するようになり，道路の発展とともに都市は住宅を郊外より外の都市外にまで分散させることによって，都市全体の衰退をもたらしたとされる。しかし，今日になると再び自動車の公害や道路の混雑などによってライトレイル（軽量で速力がある新しい市街鉄道）を中心に都市大量交通の再建がすすめられ，何とかして都心部を活性化しようとする努力が多くの都市でおこなわれている。

しかし，このような長期的な展開にもかかわらず，1920年から30年に自動車

がつくりだした基本的な立地の形態は，現在もまたそのまま形を残しているとみることができる。

▶注
1) 榊原〔13〕*passim*.
2) Mason〔4〕p. 6ff.
3) 榊原〔10〕Ⅱ, p. 58 ff.
4) 榊原〔10〕Ⅱ, p. 60 ff.
5) Mason〔4〕p. 195.
6) Pickrell〔6〕p. 404.
7) そのような例は枚挙にいとまがないが，たとえばボストンのウエスト・エンド路線の建設はブライトンとブルックラインに土地をもっていたヘンリー・ウィットニーの圧力によるものであった（榊原胖夫〔11〕273ページ）。
8) 榊原〔11〕273―274ページ。
9) 同上，274ページ。
10) 以下，主としてJackson〔3〕p. 157 ff.
11) 榊原〔12〕258ページ。
12) ニューイングランドの都市には，たいてい中心にコモンとよばれる広場がある。植民者たちはそれをとりかこむように都会や住宅を建て，次第に町が形成されていったのであった。
13) Muller〔5〕p. 125ff.
14) Jackson〔3〕p. 184.
15) Pickrell〔6〕p. 413.
16) Jackson〔3〕p. 185.

▶参考文献
〔1〕 Jackson, Kenneth T., "Crabgrass Frontier : 150 Years of Suburban Growth in America," R. A. Mohl and J. F. Richardson, eds., *The Urban Experience : Themes in American History*, California : Belmont, 1973.
〔2〕 ―――, "Urban Decentralization in the Nineteenth Century : A Statistical Inquiry," I. F. Schnore, ed., *The New Urban History*, Princeton, NJ : Princeton University Press, 1975.

〔3〕 ―――, Crabgrass Frontier : *The Suburbanization of the United States*, New York : Oxford University Press, 1985.

〔4〕 Mason, Edward S., *The Street Railway in Massachusetts : The Rise and Decline of an Industry*, Cambridge : Harvard University Press, 1932.

〔5〕 Muller, Edward K., "From Waterfront to Metropolitan Region : The Geographical Development of American Cities," Howard Gillette, Jr., and Miller Zane L., eds., *American Urbanism, A Historic Graphic Review*, West Port, CT : Greenwood Press, 1987.

〔6〕 Pickrell, Don, "Transportation and Land Use," José Gómez-Ibáñez, W. B. Tye and C. Winston, eds., *Essays in Transportation Economics and Policy, A Handbook in Honor of John R. Meyer*, Washington, D. C. : Brookings, 1999.

〔7〕 Warner, Jr., Sam Bass, *Streetcar Suburbs : The Process of Growth in Boston, 1870-1900*, Cambridge : Harvard University Press, 1962.

〔8〕 岡野行秀「交通問題」榊原胖夫編『総合研究アメリカ⑤　経済生活』研究社，1976年所収。

〔9〕 合衆国商務省編／齋藤眞・鳥居泰彦監訳『アメリカ歴史統計』原書房，1986年。

〔10〕 榊原胖夫「マサチューセッツの電気鉄道Ⅰ，Ⅱ」『経済学論叢』（同志社大学）第9巻第5号，1959年6月；第10巻第6号，1960年1月。

〔11〕 ―――『経済成長と交通政策』法律文化社，1961年。

〔12〕 ―――「公益事業政策」アメリカ経済研究会編『ニューディールの経済政策』慶應通信，1965年，第4章。

〔13〕 ―――「19世紀のアメリカの都市における交通と郊外化について」『経済学論叢』（同志社大学）第32巻第1号，1983年1月。

〔14〕 山田浩之「都市問題」榊原胖夫編『総合研究アメリカ⑤　経済生活』研究社，1976年所収。

第8章 繁栄した1920年代

1　陽気で気ままな20年代

　アメリカで1920年代について書かれた書物を読むと，それが専門の歴史家の手になるものであっても，いささか上っ調子で，筆が走りすぎ，読んでいて楽しいが深みに欠けるという感じがある。それらによると，20年代は，「ジャズとサキソフォンとチャールストンの時代」であるか，「禁酒法とアル・カポネの時代」であるか，「株式とマイアミに対する投機の時代」であるか，「広告とセールスマンと自動車の時代」であるようにみえる。そして当時のアメリカ人はまるで，株式市場で何百万ドルももうけ，新しく購入した屋根つき自動車で休暇旅行にでかけるか，毎晩のように「フラッパー」（おてんば娘）たちと闇酒場で「バスタブ・ジン」（風呂場で合成されたような闇酒）を飲み，そのころニューオルリーンズから北部にひろがったばかりの「ジャズ」に耳をかたむけ，チャールストンでおどりくるうような生活をしていたようにみえるのである。

　そのような歴史記述のスタイルが，1931年に出版されたフレデリック・ルイス・アレンの名著『オンリー・イエスタデイ』（藤久ミネ訳，研究社）の影響を受けたものであることは疑いない。

　もちろん，20年代にフラッパーやサキソフォンや屋根つき自動車がなかったわけではない。しかし，陽気で享楽的な20年代という記述は，1930年代のアメリカとの対比において存在しうるのである。周知のように，30年代は大不況のもとでゆううつと絶望とがうずまいた灰色の10年だったからである。

21世紀の今日になって，当時のアメリカを冷静に考えなおしてみると，フラッパーやサキソフォンやバスタブ・ジンをこえたところに何かが，いわばアメリカ史のひとつの大きな転換期があったように思われるのである。

2　アメリカ的生活

1922年から29年は，第二次世界大戦後の1960年代と20世紀最後の10年をのぞくと，アメリカ史上経済的にもっとも繁栄した時期であった。

1920年代の繁栄をささえたのは，ラジオ，家庭用電気製品，自動車などの耐久消費財であった。アメリカで最初のラジオ放送がおこなわれたのは1920年，ハーディング大統領の当選を知らせるニュースであったが，1929年にはアメリカの家庭の5分の2がラジオを所有していた。1912年には電気が普及していた家庭は，全体の6分の1にすぎなかったが，15年後の1927年には3分の2に達した。

第7章で述べたように，自動車登録台数は1920年で900万台，1929年には2650万台となった。第一次世界大戦（1914～18年）前にはいったん都市をはなれると，舗装された道路はほとんど存在しなかったが，20年代には徐々に改善され，都市と田舎との生活様式の格差を縮小させた。

こうして，自動車と電気製品にかこまれた現代生活は，1920年代のアメリカにおいてはじまったのであった。

耐久消費財の販売にあたっては，広告とセールスマンと消費者信用が活用された。それらは需要を拡大する方法であった。広告のメディアには雑誌や新聞の他に，ラジオが新しくつけ加えられた。セールスマンはアメリカの新しい職業として大いに喧伝された。1925年に出版され，2年間もベスト・セラーをつづけたブルース・バートンの『知られざる人――イエス伝』では，イエスを「近代ビジネスの創始者」とよび，広告の天才，偉大なセールスマンであったと論じている。

3 クーリッジとフーバー

　1923年8月,政権の汚職が摘発され,腐敗のうわさがひろがるなかで,ハーディング大統領が死んだとき,副大統領のクーリッジは,バーモント州の父の農場にいた。田舎の治安判事であった彼の父が,ランプの光のもとで,クーリッジ大統領の宣誓をつかさどった。

　クーリッジは筋骨たくましく,苦虫をかみつぶしたような顔をして,笑うこともめったになく,がんこで,無口で,ケチで,ニューイングランドのピューリタンそのものであった。彼は,大統領の給料の大部分を貯金したただ一人の大統領であった。警護の男たちからよく5セント貨を借り,返すことを忘れた。

　彼が大統領であった1923～29年には,国内的にも国際的にも大きな問題はなかった。すでに述べたように,経済は繁栄しており,世界は平和で,国際連盟に加入せず孤立主義的な立場を維持したアメリカには,国論を二分するような外交問題はなかった。

　口数が少なかったクーリッジ大統領の比較的よく知られている言葉に,「アメリカのビジネス(仕事)はビジネス(実業)である」というのがある。つまり,実業界の繁栄の基盤をつくることが,政府の役割であるというのである。そしてその実行者は,ハーディング,クーリッジ両大統領のもとで商務長官を

図8-1　クーリッジ(左)とフーバー(右)

つとめ，1929年に大統領になったハーバート・フーバーであった。

4　サプライ・サイダーとしての政策

　フーバーはアダム・スミスの自由競争理論の信奉者ではなかった。技術者出身の彼には，競争はあまりにも無秩序で不合理にみえたのである。彼は，生産を能率化するためには，産業内の企業が互いに協力することこそ必要であると考えた。彼はサプライ・サイダー（供給側）であった。もちろんその時代に，サプライ・サイド経済学（のちのレーガン大統領のときサプライ・サイド経済学は盛んに論じられることとなった）があったわけではなかった。しかし，20年代の共和党政権の経済政策の多くは，経済学的な理論武装が十分でなかったにせよ，供給側の論理を推しすすめたものであった。

(1)　減税政策：1921年から高所得者に対する減税が実施された。減税の立案者であったメロン財務長官は，大きな富への低い税は新投資をもたらすために必要であり，新投資こそもっと多くの仕事をもたらし，経済をいっそう繁栄させると論じた。

(2)　支出政策：連邦支出は縮小したが，減少した支出項目は，福祉，健康，公共事業に関するものであった。商務省の活動や海運会社への補助金といった企業援助支出は大幅に増加した。禁酒法に関する取り締まりなどの費用も増加した。

(3)　独禁法適用の緩和：フーバーは同業組合を奨励し，産業会議を招集し，価格競争を少なくしようと務めた。司法省は厳格な反トラスト法の執行や規制をさしひかえた。

(4)　高関税政策：1922年9月に新たな関税法が成立したが，それは高関税政策の最たるものであった。ハーディングとクーリッジは37回の関税率変更をおこなったが，5回をのぞいて，すべて引き上げのためであった。

(5)　輸出振興：ハーディングは，アメリカの企業は「平和的な通商上の世界征服にすすまなければならない」と述べたが，この時期アメリカは輸出の

拡大と海外資本投資に積極的であった。

5　不必要となった移民

　1924年には新しい移民法が成立した。移民を制限しようという動きはそれ以前にも存在したが，この法律は移民の総数を毎年15万人に限定し，各国への割当数を，1890年の国勢調査における各外国生まれのアメリカ人数の2％以下と定めたものであった。その結果，東欧とアジアからの移民はほとんど締めだされることとなった。日本はこの法律が人種差別的であるとして，アメリカに対してはげしい抗議をおこなった。

　しかし，アメリカがきびしい移民制限をおこなったということの意味は別のところにあった。アメリカはもともと移民によって成り立った国である。それぞれの時代に移民たちは，アメリカの経済社会に応分の貢献をおこない，それがアメリカの活力の源となったし，アメリカの自然と社会はいつでも移民たちを受けいれ，吸収するだけの力をもっていた。

　移民法の成立は，アメリカ人が自分たちの社会を成熟したものと考えるようになったことを意味した。同時にそれは，アメリカの産業構造が変化したために，最下層の肉体労働者の必要も減少したことを意味したのである。アメリカは変わったのであった。

6　"アメリカン"への自覚

　1920年代には，「ナショナル」とか「アメリカン」という言葉が数多く使われた。アメリカ語で「ナショナル」というのはたいていのばあい，ローカルに対比される言葉で全国的という意味である。

　1920年代にいたって，ようやくアメリカ人はひとつの国民として成立したように思われる。それはふたつの意味においてであった。

　ひとつは地域性の減少である。周知のようにかつてアメリカは，たがいに異

なる13の国であった。またアメリカは長いあいだ，大まかにいって東部，南部および西部という3つのセクションにすぎなかった。鉄道の発達，とくに南北戦争後の大陸横断鉄道の完成は，これらの地域性を多少とも減少させたが，20年代におけるラジオ，自動車および道路，電信の普及は，地域の壁をうちくずし，ひとつの国としてのアメリカを成立させることとなった。

いまひとつは人間の面においてであった。第一次世界大戦中，アメリカ軍の兵士のなかには，英語でだされる命令さえ理解できない者が少なくなかった。20年代にはアメリカ化運動が盛んにおこなわれたし，すでに述べたように移民制限も実施された。多様な人種がひとつの国民を形成するためには，言葉の統一の他にイデオロギーが必要であった。ウィルソン大統領が，第一次世界大戦に参戦するにあたって，「世界を民主主義のために安全にする」と述べたとき，民主主義はひとつのイデオロギーとなった。アメリカ国民の成立はいろいろなかたちでアメリカ人の行動に示された。戦後まもなく生じた「赤」の脅威やサッコ=バンゼッティ事件（イタリア系住民でアナキストであったサッコとバンゼッティが証拠不十分であったにもかかわらず，殺人罪を宣言され処刑された有名な司法事件）もそのひとつの表われであった。それは社会主義体制に対する恐れよりも，国際組織に属する人たちに対する嫌悪感に基づいていた。国際組織に属する人は，アメリカに対するよりも国際組織に対して忠誠をつくすであろう，したがって完全なアメリカ人ではありえないというのである。

20年代に200万人ものメンバーをもつようになったクー・クラックス・クラン（秘密結社で白人・プロテスタント優越主義を主張）も，当時においては黒人抑圧の暴力が主眼ではなく，「100パーセント・アメリカニズム」の実現が目標であった。そして禁酒法でさえ，アメリカ人が，みずからの欲するところを自分たちで定める，ということの表現であったとみることができる。20年代のアメリカ人の一見狂気にみえるこのような行動は，成立したばかりのアメリカ国民の若気の表われであったとみることができよう。

7　崩れさった繁栄

　1929年春，フーバーは大統領に就任した。よほどのひねくれ者でないかぎり，アメリカ人は繁栄の偉大な時代がくると信じて疑わなかった。しかし，1929年秋，株式市場が崩壊するとともにアメリカはその後10年にわたる大不況に突入した。そして20年代は終わった。

　そのなかにあって20年代に確立されたアメリカ的生活様式——女性の口紅から耐久消費財まで——は変わることはなかったし，アメリカ人はよりさめた目でみずからを眺めるようになりはしたが，ひとつの国民として厳然と存続した。

　1920年代はアメリカ史上，きわめて重要な10年だったのである。

　＊　本書では1930年代の不況とニューディールについてのペーパーを収録していない。30年代とニューディールについてはあまりにも多くの人が書いているからである。また21世紀のアメリカから1930年代をふりかえってみると，それは急速にひとつのエピソードになりつつあるようにみえる。イデオロギーの時代が終わり，大不況の経済分析がすすんで，ニューディールもいささか色あせた。1990年代以降のアメリカの繁栄の基礎は，ニューディールのような政府の役割の拡大によってではなく，伝統的なアメリカの価値，つまり小さな政府，競争，自由企業体制にあると大部分のアメリカ人は考えている。

第9章 第二次世界大戦からパックス・アメリカーナの成立と崩壊まで

1 経済動員体制

物量と計画性の戦い　第一次世界大戦のときとはちがって，日本軍が真珠湾を攻撃した1941年12月には，アメリカはある程度まで戦争準備を整えていた。徴兵制は1940年10月にはじまっていたし，41年3月には武器貸与法（Lend-lease Act）が成立して，連合国に対する武器援助が合法化されていた。アメリカ軍の増強と連合国に対する武器援助は，軍事生産を拡大させ，アメリカ経済は活気をとりもどしていた。

第一次大戦では約200万のアメリカ兵がヨーロッパで戦闘に従事したが，彼らの多くはフランスやイギリス製の武器でドイツと戦ったし，彼らの半数はイギリスの船で大西洋を横断したのであった。第二次大戦では約600万のアメリカ兵が各地に派遣され，アメリカ製の武器で戦っただけでなく，連合国の兵士の多くもまたアメリカ製の武器を用いた。真珠湾攻撃から1年後には，アメリカは枢軸国全体をあわせたよりも多くの軍需品を生産していた。

第二次大戦は数量と機械と計画性の戦いであった。ドイツのロンメル将軍は次のように述べている。

　……もっとも勇敢な兵士でも銃がなければどうしようもない。銃はたくさんの弾丸がなければ役に立たない。……戦闘は撃ち合いがはじまるまでに，主計官によって戦われ，勝敗が決せられるのである。[1]

第二次大戦ほど，科学や技術が戦争の形態を変えた戦争はなかった。そして，戦争中に開発された技術や手法が，これほど戦後の世界で活用されることとなった戦争もなかった。航空機，ジープ，人造ゴム，レーダー，原子力などはもちろん，各種の計画手法の多くも戦争中の産物であった。

アメリカにとって最大の問題は，どのようにして私企業の手にある工業力を戦争のために動員するか，ということであった。生産力動員のために，多くの連邦機関が新設された。そのなかで軍需品と民需品の生産を案分し，生産計画をたて，稀少資源配分の優先順位を決定したのは戦時生産委員会（War Production Board）であった。しかし，ほどなく各種機関のあいだの調整がいっそうむずかしくなり，1943年5月には戦時動員局（Office of War Mobilization）が創設されて，大きな権力を発揮することとなった。その長官ジェームズ・F. バーンズ（James F. Byrnes）はしばしば「大統領補」とよばれたほどであった。

戦時経済 しかしいったん戦時生産体制が整うと，生産の増加はめざましかった。どの会社も，どれだけの量をどれだけはやく生産できるかが唯一の目標となった。量と速度の記録を達成するために競争するのは，アメリカ人の気質にもあっていた。その結果，1945年の国民総生産は名目で1939年の2倍以上，実質で37%増となった。1935～39年の工業生産を100とすると，45年には239，耐久製造品に限ると360になっている。

アメリカの軍事動員数は最高時において1200万人に達した。しかし，人的資源に大きな不足はなかった。1941年にアメリカでは600万人以上の失業があった。そして，戦争中約600万人が新しく労働力人口に加わった。1943年2月には週労働時間を40時間から48時間にするむねの行政命令がだされたが，1944年でも製造業における平均労働時間は45.2時間にすぎなかった。ただ，新しく労働力人口に加わった者には女性が多く，女性の労働力人口に占める割合は3分の1まで増加した。その結果，アメリカの伝統的な女性観は変化し，労働する女性に対する偏見が少なくなって，戦争が戦後社会における女性進出の契機となったといわれている。

労働に関する最大の問題は，熟練度の不足，地域配分，職業間移動，そして高い労働移動率であった。製造業における労働移動率は1944年に82％に達した。その理由は，住宅不足，通勤不便，熟練度不足，高賃金の誘惑などであった。それにもかかわらず，労働生産性は第二次大戦中にかなり上昇したと思われる。農業では機械の利用が増え，1939年から45年までに人・時間あたり産出量は25％上昇した。製造業における生産性の向上は，労働の質が一定でないため容易に測定しえないが，同じ期間に実質賃金が約20％上昇したことからみると，その程度の生産性向上があったものと判断することができる。

価格は1938年から45年までに約30％上昇した。1914年から19年までの物価上昇が約60％であったことを考えると，かなりの成果であったといえよう。インフレを避けるため，政府は最高価格制，稀少必需品の配給制，賃金の凍結，超過利得税，高率の所得税などの手段を採用した。女性たちはストッキングをはかなくなったし，タバコ，バター，砂糖，コーヒーなども次第に品不足となった。しかし，軍需景気はほとんどすべての人をうるおした。とくに，低所得者層の生活は大幅に向上した。

戦費は総額3150億ドルにのぼり，1943年と44年には連邦支出は国民所得の50％をこえた。戦費は税金と借入金によってまかなわれた。連邦歳入のうち44％は税金，残りのうち5分の2は銀行，5分の3は銀行以外の投資家からの借入金であった。直接的な戦費の他に，戦後長期間にわたって支払われた復員軍人に対する恩給や，その他の間接的な費用もあった。それらを含めると戦争の総費用はおそらく1兆ドルをこえたであろう。もちろん，直接的な戦費のなかに，戦後転用されて長期間使用された設備や建造物などもあり，また間接的な戦費のなかにも，復員軍人の大学授業料支払いのように，その後のアメリカ経済の発展に貢献したと考えられるものも少なくない。

輸送面では1942年800万トン，43年1900万トンの船が新しく建造された。アメリカの船団は潜水艦対策が成功してからのちは，ほとんど何の障害もなく，兵員と武器を大量に輸送した。鉄道は1943年には39年の2.5倍の貨物，4.5倍の旅客を運んでいた。航空では，大戦中の長距離大型輸送機の開発（とくに

C54＝DC4。両者は同じ機材で，軍用輸送機のときはC54，民間輸送に使われてDC4となった），長距離輸送の経験と実績，航法の発達，飛行場の建設と整備などは，戦後の民間航空の世界的発展の基礎となった。

　第二次大戦中のアメリカの動員体制は，生産と戦争完遂という立場からみて成功であった。自由企業体制の本質を維持しながら，危機の時期における動員が可能であったということは，アメリカ人に大きな自信を植えつけた。多くの実業家や学者が戦時の政府機構に参加し，ニューディール期に存在した対立意識が解消された。危機の時期にアメリカ経済を指導することができるのは，大きな資本でもなく，大きな労働でもなく，政府であることが明らかになった。[2]

2　戦後の調整と景気の拡大

戦後についての計画　戦争の終了がまぢかになると，人びとは戦後のことについて考えはじめた。多くのアメリカ人にとって1920年代の繁栄はすでに遠い過去のことであった。そして，30年代の大不況と戦争中の集権的な動員体制が，圧倒的な重みをもつ経験となっていた。彼らは戦争が終結すれば，軍事需要の減少と多数の軍人の復員によって，30年代のような不況と失業の時代がくると考えた。経済学者たちも不況の再来を警告していた。彼らは，1930年代後半に現われたケインズ理論をその考えの基礎においていた。こうしてアメリカは，1943年にはすでに平時転換計画を策定し，翌44年10月にはその細目まで計画して，施行のための責任者を任命していた。

　1945年5月以降15カ月間に，約1000万人の動員が解除された。その結果，約600万人の失業が生じると推定された。600万人は1941年の失業水準である。しかし，実際の失業は，予想に反して270万人をこえたことがなかった。1946年末の雇用者総数は5800万人となり，史上最高を記録したのである。平時への転換が比較的スムーズにすすんだ理由には，消費財に対する繰り延べ需要と海外からの需要のために，総民間需要が堅調であったこと，戦争中愛国心から労働力人口に加わっていた女性や若年層が家庭や学校に帰るとともに，平均労働時

間も減少したことなどがあげられよう。また戦争中に立てられた諸計画にしたがって，復員兵に種々の援助が与えられたことも転換を容易にした。そのような援助のなかには，貸付金，52週までの失業補償，学校教育や職業訓練のための経費補助などがあった。

完全雇用法　1946年2月，連邦議会は完全雇用法（Full Employment Act）を成立させた。議会もまた，復員兵の失業と不況の再来を恐れていたためであった。雇用法は，完全雇用達成のための政府の責任を明示して次のようにいう。

　議会はここに……宣言する。……勤労の能力と意志をもち，かつそれを求めているものに対し，自己雇用を含む有用な雇用機会を与えるような諸条件を創造しかつ維持する目的をもつ……あらゆる実際的な手段を行使することは，連邦政府の永続的な政策であり，責任である。

アメリカ議会の伝統的な保守性を考えるとき，この宣言がいかに画期的なものであったかを理解することができよう。なるほど，失業が失業者個人の責任ではなく，国民全体の責任であるという考えは，ニューディール期を通じて次第に浸透していったが，完全雇用達成のためにあらゆる手段をとることが連邦政府の永続的な責任であると規定することは，政府の役割に関する伝統的思想との決別を意味した。アルヴィン・ハンセンは，完全雇用法は経済計画のマグナ・カルタ（1215年イギリスで発布された大憲章）であったと述べている[3]。

もちろん経済計画といっても，実際にはケインズ的な総需要管理政策以上のものを意味していたわけではなかった。雇用法によって新しく定められたのは，経済諮問委員会（Council of Economic Advisers）を設けることだけであった。それは経済問題に関して大統領に助言し，議会に対して経済報告を提出する委員会であった。しかし，その後まもなく，完全雇用を達成するためには景気の変動を緩和するだけで十分でないことが認識されるようになった。たとえば，労働力人口が年々増加する以上，適正な経済成長率を維持するのでなければ，

完全雇用は達成されない。こうして保守的なアイゼンハワー大統領でさえ，1954年の年頭教書において，経済成長の達成も連邦政府の責任であるかのように論じたし，50年代以降になると，物価の安定，国際収支の均衡，資源配分の適正化，その他経済のあらゆる側面に対する連邦政府の関与が，当然のことと考えられるようになった。それにともなって，経済全体のなかに占める政府部門の比重もまた拡大した。たとえば，政府による財およびサービスの購入の国民総生産に対する割合をとってみると，1935年には13.9％，1947〜55年には18.7％，1965年には20.0％になっている。

景気の拡大　アメリカ経済は戦争終結直後から1946年にかけて，政府購入の大幅な低下の結果，多少の落ちこみをみせたが，実質国民総生産は1942年の水準を下まわることはなかった。そして，その後1949年の小さな景気後退まで着実な上昇をつづけた。着実な上昇の大きな理由は，引きつづき堅調だった消費と，設備投資の拡大であった。

個人消費は，国民総生産の構成要素のうちで，もっとも安定的なものと考えられている。その安定的な消費が第二次大戦中は政策的に抑えられたために，戦後その反動で急速に増大したのである。その後，いくつかの景気後退があったが，1961年まで消費が前年を下まわることはなかった。とくに戦後は耐久消費財に対する需要が活発で，ゴールドスミスの計測によると，家計における耐久財のストックは1945年から49年のあいだに，575億ドルから892億ドル（1947〜1949年価格）に増加している。[4] 消費の堅調に支えられて，各工場は1948年までフル操業をつづけた。[5]

しかし，景気拡大の主役は何といっても，民間設備投資であった。当然のことながら，1930年代と戦時中，民間設備投資は低迷していた。一方，その間に少なからぬ技術の進歩があった。戦後消費の拡大とともに，企業家たちは利潤機会の出現を感知し，いっせいに設備の新設に向かった。ゴールドスミスによると，生産者耐久設備のストックは1945年から49年のあいだに，615億ドルから919億ドルへといっきょに3分の1近く増大している。民間設備投資の4分の1ないし5分の1を占める住宅投資もまた堅調であった。1929年から45年ま

で，住宅の建設はほとんどおこなわれなかったのに対して，世帯数は26％も増加していた。深刻な住宅不足は，49年までの新投資にもかかわらず解消せず，50年代へもちこされた。[6]

　さらにくわえて，いったん1940年の水準にまで低下した政府支出は，47年以降徐々に増大の傾向をみせたし，輸出はドル不足のせいもあって，わずかの下落を示したが，海外援助は高水準を維持していた。

　物価の上昇　このような総需要の増大に対して，供給は追いつくことができず，物価は上昇傾向をたどった。卸売物価は1945年を100とすると，1948年には152，消費者物価は134となった。物価上昇の原因には，供給不足の他に，流動資産の増大，銀行クレジットの増加，債券の換金，外国政府による金の売却などがあったが，戦争中の賃金凍結が解除され，1946年に大幅な賃上げがおこなわれたことも大きな理由であった。

　一般的にみてアメリカでは，不況時に経営者に対する批判が集中し，好況時に労働組合に対する攻勢が強まる傾向があったが，1946年の一連のストライキ（ストライキによって失われた労働は1億1600万人・日に達した。それは，それまでの最高の年の約3倍であった）ののち，労働組合に対して非難が集中し，1947年6月には大統領の拒否権を乗りこえてタフト・ハートレー法（第2章参照）が成立した。同法の成立は，戦争中の労使の蜜月時代が終結したことを意味した。

　1949年にアメリカは小さな景気後退を経験した。それは普通にインヴェントリー・リセッションとよばれるもので，在庫減らしが原因で生じるものであった。消費は引きつづき堅調で，住宅投資も49年2月ごろから再び増大した。景気は同年10月を谷として回復に向かった。そして1950年6月，朝鮮戦争がはじまった。アメリカは，再び経済の部分的動員体制にはいることとなったのである。

3　冷たい戦争と超経済大国の責任

　　　　　　　　　　第二次大戦後のアメリカは第一次大戦後とちがって，積
　ゆたかな国の責任
　　　　　　　　　　極的に世界経済の再建に乗りだした。その理由は多様で
あった。第一には，第一次大戦後のなかば孤立した政治経済体制と，その結果
に対する反省があった。第一次大戦のときアメリカは，民主主義という大義の
ために，それに参加したにすぎなかった。そして戦争が終わると，大西洋と太
平洋にかこまれた安全地帯に引っ込み，自国の繁栄を謳歌することに専念した。
その結果が，大不況とブロック経済と第二次世界大戦であったと，多くの人は
考えた。

　第二次大戦では，アメリカは当事者であった。そこにいたる道程がどうであ
ったにしろ，真珠湾への攻撃は第二次大戦を「ローズヴェルト氏の戦争」では
なく，アメリカ人の戦争にしたのであった。戦争が終わってみると，戦勝国と
戦敗国とをとわず，ヨーロッパは荒廃の極に達していた。人々は飢え，病み，
住むところを失い，着るものももっていなかった。しかも，それらの国の生産
が急速に回復する見込みもなかった。そして，アメリカだけがほとんど戦禍を
受けず，工場はフル回転をつづけていた。多くのアメリカ人にとって，これら
の国の人々を救済し，その経済再建に援助を与えることは，人道的にも感情的
にも十分納得できることであった。

　第一次大戦後，アメリカはみずから世界の指導者になることを拒否した。当
時，すでにアメリカは世界最大の経済をもつ国であった。しかしアメリカ人に
は，国際舞台に乗りだし，複雑なヨーロッパの事情に介入して成功するだけの
自信がなかった。理想を高くもてばもつほど，モンロー宣言をたてに，アメリ
カ大陸にとじこもる方が安心であった。しかし，第二次大戦後のアメリカは，
好むと好まざるとにかかわらず，超経済大国になっていた。戦後しばらくのあ
いだ，アメリカの国民総生産は世界の総生産の半分以上を占めていた。そして，
アメリカ人はとびぬけてゆたかであった。1950年アメリカの1人あたり国民総

生産は，イギリスの約2倍，西ドイツの4.5倍，イタリアの6倍，日本の15倍であった。アメリカはこうして世界でもっともゆたかな国としての自信をふかめ，その責任を感じ，戦後世界の指導者として目覚めたのであった。

しかし，これらの事情にもかかわらず，もしアメリカとソ連とのあいだに冷たい戦争が生じていなかったならば，アメリカの対外援助は緊急を要する救済資金をのぞけば，まもなく停止されていたにちがいない。アメリカが長期間にわたって対外援助をつづけていったのは，冷たい戦争がソ連の膨脹を封じこめようという政策に発展し，共産化を阻止するための最良の政策が，それらの国の経済を安定させ発展させることにあると考えられたためであった。

アメリカの対外援助は，戦時中の武器貸与法の精神が戦後になって拡大したものであった。第一次大戦中およびその直後の対外援助は利付き借款であって，周知のように，その大半は1932年フーバー大統領の「モラトリアム」（支払停止令）によって帳消しになっている。第二次大戦中の武器貸与は，第一次大戦のときと異なり，戦争当事国としてのアメリカが，戦争遂行に必要な軍事力・経済力のプールを提供するという考えのもとにおこなわれた。また，大戦中にアメリカは60億ドル以上の食料，燃料および石油，衣料，医薬品などを連合国に供与している。1943年には連合国救済復興機関（UNRRA アンラ）が設立された。戦争中枢軸国に占領されていた国々に，緊急に必要とされる救済を与えることが，その目的であった。アメリカはアンラを通じてさらに30億ドル以上の援助をおこなっている。そして，戦後の対外援助はまさにこれらの救済措置の延長に他ならなかった。

ブレトンウッズ体制 1944年にニューハンプシャー州のブレトンウッズで会議が開かれた。会議では，戦争による破壊と再建との過渡期は比較的短く，諸国がここ数年の困難を乗り切るのに必要な金融機関を設けさえすればそれでよい，という考え方が支配的となった。国際的な決済のために「バンコール」という世界通貨を発行しようというイギリスのケインズ案でなく，国際通貨基金（IMF）と国際復興開発銀行（世界銀行）を設立するというアメリカのホワイト案が採用された理由もそこにあった。

IMFは，加盟国の拠出金を基金とする為替平価安定のための短期相互金融機関であり，世界銀行は資本金払いこみ，債券発行によって資金を調達し，加盟各国の経済復興，開発のための長期融資をおこなう国際金融機関として設立された。しかし，ブレトンウッズ会議は楽観的にすぎた。戦後の経済復興のためには，IMFや世界銀行以上のものが必要であった。

　日本の降伏によって，第二次世界大戦が終了するまでに，米ソの蜜月時代は終わっていた。戦後の国際問題をすべてソ連との話し合いで処理していくことは，アメリカにとってきわめて困難なことであった。また，ソ連が東欧で米英の影響力を追いだし，勢力圏を確立したことや，戦後になってもイランに軍隊を駐留させつづけたことも，不信感を強める結果となった。トルーマン大統領は1946年はじめまでには，「ソ連をあやすことにはもうあきた」と記し，もはやソ連に譲歩するべきではないという気になっていた。[7]

　トルーマンに国際援助を増大させ，ソ連封じ込め政策の表明を迫ったのは，1947年のギリシャ・トルコ情勢であった。

　当時ギリシャは共産ゲリラに悩まされ，きびしい経済的な困難に直面していた。また，トルコはソ連からきびしい要求をつきつけられていた。東地中海地区は伝統的にイギリスの勢力範囲であり，戦後もイギリスはギリシャ・トルコに対する援助をつづけていたが，自国の財政難が深刻になり，アメリカに援助の肩代わりを要請したのである。トルーマンは急いでこの両国に4億ドルの援助を与えようとしたが，議会は対外援助に消極的であり，承認を得られるかどうか疑問であった。そこで同年3月，トルーマンは議会に出向き，名指しこそ避けたが，世界における侵略的な全体主義の脅威を訴える演説をおこなった。そこで表明された，全体主義に抵抗する国民を援助するという原則は，まもなくトルーマン・ドクトリンとよばれることとなった。

　ギリシャ・トルコに対する援助は，はじめの4億ドルに加えて，翌年軍事援助として2億7500万ドルが支出された（経済援助はヨーロッパ復興計画から与えられることとなった）。この援助が有効であったかどうかを評価することはむずかしい。たしかに，ギリシャとトルコは共産国にはならなかった。しかし，

たとえばギリシャに対する資金の大部分は，軍隊の強化と避難民の保護に向けられ，復興は48年末からしかはじめられなかった。ギリシャはゲリラに勝利をおさめたが，それはソ連とユーゴとの関係が悪化したために，ゲリラに対する支援が止まったからでもあった。

　　マーシャル・プラン　　1947年春までに，ヨーロッパ経済を一時的な救済措置によって再建させることは不可能であるという認識が深まった。国務省は膨大な対外援助計画をつくりはじめ，同年6月ジョージ・C.マーシャル国務長官のハーバード大学での講演を契機に，いわゆるマーシャル・プランができあがった。マーシャルは，ヨーロッパ諸国が協力して経済復興計画を立てるようよびかけ，アメリカはそうした計画を援助する用意があると言明した。マーシャルは，健全な世界経済なくして確固たる平和や政治的安定はありえないと述べたが，全体主義に対する抵抗というような発言はなく，援助は主として人道的立場から合理化された。しかし，ヨーロッパ復興計画は議会での難航が予想された。人道的な理由や経済的相互利益という論拠では，議会で十分な支持者を確保することがむずかしいと判断されたのである。結局，ここでもトルーマンは，この援助なしには西欧は全体主義勢力の手におちるかもしれないことを強調しなければならなかった。1948年3月のチェコのクーデタは，そのためのよい例を供給した。

　一方，ヨーロッパ16カ国はしばしば会合をひらき，マーシャルの示唆にしたがってみずからイニシアティブをとり，地域協力を基礎とした復興計画と資源に関する報告を作成した。しかし，ソ連と東欧諸国はそれに参加することを拒否した。その後，援助の受け皿としてヨーロッパ経済協力機構（OEEC）が設立された。

　1948年，経済協力法（Economic Cooperation Act）が成立し，援助は，共同の復興計画を完成しようとする参加諸国の継続的な努力を条件として，与えられることとなった。同時に被援助国は生産増大，通貨安定ならびに貿易障壁の低減に努力すべきものとされた。全援助物資の50％はアメリカの船によって運ばれなければならないが，物資はどこから購入してもよく，民間貿易を活用す

べきことが強調された。また，被援助国はアメリカにおいて供給が不足している物資の備蓄に協力すること，アメリカから受け取った贈与援助の価値に等しい見返り資金を自国通貨で設定すること，そして見返り資金の95％は，アメリカの同意を得て，復興計画のために被援助国内で使用されるべきことが定められた。残りの5％は新設された経済協力局の経費をまかなうために留保された。

1948年から1952年6月までにアメリカは，ヨーロッパ復興計画のために，総額131億5000万ドルの支出をおこなった。援助の内容は，原料および半製品33％，食料，飼料および肥料29％，機械および車両17％，燃料16％，その他5％であった。これらの商品のうち，69.7％がアメリカ，11.8％がカナダ，7.7％がアフリカ，4.3％がヨーロッパ域内，6.2％がその他の国々（おもに中近東）で調達された。[8]

ヨーロッパ復興計画の第1年目は，主として食料および原料の購入，老朽設備の取り替え，金融機構の支持に重点がおかれたが，2年目からは援助の少なからぬ部分が新規投資に向けられた。見返り資金の56％もまた，生産促進のために投入された。

マーシャル・プランは，概して成功であったと判断されている。種々の観点から，その価値をきわめて高く評価する人も多い。事実，OEEC加盟国の国民所得は，1952年には計画を上まわるところまできていた。

安全保障 しかし，経済援助だけでは西欧の不安は鎮まらなかった。チェコのクーデタにつづいてベルリン封鎖が起こった段階で，西欧諸国はソ連の軍事力に脅威を感じ，アメリカによる安全保障を望んだ。トルーマン政権は，これにこたえて1949年4月カナダおよび西欧9カ国と北大西洋条約を結んだ。この条約は，アメリカが平和時に結んだ最初の軍事同盟であった。この条約締結は，いわゆる超党派外交によって推進された。1949年には，アメリカ人に大きな衝撃を与えたふたつの事件が起こった。ひとつはソ連による原爆実験の成功であり，いまひとつは中国の共産化であった。このふたつの事件は，アメリカに対してソ連戦略の全面的なみなおしと，それまでのアジア軽視への反省とを強要した。つづいて，1950年6月には朝鮮戦争が勃発した。

1947年から1950年までのあいだにアメリカが与えた対外援助は，ほとんどすべてが経済援助で，軍事援助は総額の1％にもならなかった。そして，援助の大部分はヨーロッパ諸国に与えられた。冷たい戦争が熱い戦争に転化してのち，援助の性格は一変し，軍事援助の比重が高まった。51年には37億ドルの援助のうち9億ドルが，52年は45億ドルのうち24億ドルが軍事援助になっている。そして，アメリカの対外政策のなかで，アジアが軽視されていたために中国の共産化と朝鮮戦争が起こったという非難にこたえて，アメリカはアジア，とくに日本に対するてこ入れをはじめた。1951年9月には，旧連合国による対日講和条約と日米安保条約とが，サンフランシスコで調印された。

朝鮮戦争　1949年までに，アメリカ軍は150万人に縮小していた。武器は第二次大戦中の残りものであった。アメリカは，そのうちのいく分かを友好国に与えたが，在庫はまだまだ豊富であった。

　朝鮮半島における戦争のきびしさにもかかわらず，戦争のアメリカ経済に対する負担は比較的小さなものであった。戦争最高時の兵力動員数は，約350万であった。1950年から53年のあいだに国防のために1160億ドルが支出されたが，そのうち直接朝鮮戦争に費やされたのは，180億ドル前後にすぎなかった。その他の軍事費は，将来ともアメリカが侵略にすぐさま対処できるように，すなわち部分的動員体制を整えるために用いられた。

　戦争がはじまったとき，アメリカは49年の景気後退からの回復過程にあり，失業率は5.2％であった。戦争がなかったとしても，失業率はさらに低下していたであろう。しかし，戦争は失業率を急速に低下させ，1951年はじめには3％になっていた。

　軍事支出は拡大したが，1951年6月に終わる会計年度の政府財政は黒字であった。それは1950年後半からの増税と，戦争勃発後の価格の上昇による名目所得増加のためであった。しかし戦争の勃発は，人々の思惑買いをうながした。1950年の第2四半期から第4四半期のあいだに国民総生産は名目で290億ドル増加したが，そのうち100億ドルは消費の増加，80億ドルは政府購入の増加，残りは企業の在庫積み増しによるものであった。その結果，農産物および食料

図 9-1　朝鮮戦争にて前線を視察するマッカーサー

加工品をのぞく卸売物価は 6 月から12月までに約12%，消費者物価は約 9 %上昇した。しかし，思惑買いによる価格上昇は短期間に終わり，51年以降54年まで卸売物価は 4 %の低下，消費者物価は 3 %の上昇となった。戦争中着実に増加したのは政府購入と消費で，民間設備投資はむしろ減少した。

　1947年に成立した国家安全保障法（National Security Act）によって設けられた国家安全保障委員会（National Security Council）は，朝鮮戦争のときはじめて大きな役割を果たした。また防衛動員局（Office of Defense Mobilization）が設けられ，戦争後も廃止されず，存続した。動員体制の重点は，鉄鋼，アルミニウム，電力などの生産をいつでも拡大できる体制をつくることにおかれた。そのため，政府は償却期間を短縮して投資減税をおこなった。その結果，これらの産業には過剰能力が生じて，将来の経営を圧迫することになった。また，その後政府の発注は「労働過剰地域」を中心におこなわれることとなり，産業の地域分散化がすすんだ。冷戦の常態化にともない部分的動員体制が戦後も維持されたために，戦略物資の備蓄や原子力，軍事援助なども国家の安全保障のなかに含まれた。軍事費は53会計年度には500億ドルに達したが，戦後もアイゼンハワー大統領の削減努力にもかかわらず，しばらくのあいだ

350億ドルないし420億ドルの水準にとどまっていた。[9]

朝鮮戦争は1953年8月に終結した。

4　国際流動性のジレンマ

　　パックス・アメリカーナ　　1950年代はじめまでに，圧倒的な経済力と軍事力をもつアメリカを中心に，自由主義経済諸国は，安全保障体制を確立するとともに，経済成長のための基盤づくりを完成した。いわばパックス・アメリカーナの成立である。

　パックス・アメリカーナのなかで，国際経済秩序の基礎となったのは，いわゆるIMF体制であった。IMF体制のもとでは，加盟国の通貨の平価は，金あるいは金と一定の交換比率（金1オンス＝35ドル）をもつアメリカ・ドルによって表示され，加盟国は自国通貨と金あるいは他国通貨との一般交換性を保障する義務を負った。ただし，これには例外規定があり，当面国際収支の赤字をかかえた国は，交換性を停止し，為替取引の制限をすることが許された。しかし，できる限り速やかに交換性の回復と為替制限の撤廃に努めるべきことが求められた。

　IMF発足当時，金との交換性を維持することができたのは，アメリカのドルだけであった。ドルはアメリカ製品に対する海外からの強い需要と，250億ドルにおよぶ金準備に支えられていたからである。アメリカ以外の国は，戦争に勝ったものも負けたものも，戦火に生産設備を失い，売るべき商品もなく，食糧，燃料，原材料などを輸入しなければならなかった。どの国も，のどから手がでるほどドルを求めていた。「ドル不足」が世界中の一般的現象で，ドルだけが強い通貨であった。IMF体制は本来「ドル本位制」ではなかった。しかし，戦後の世界経済の現実のなかで，実質的にドルに世界通貨の役割が与えられたのである。

　IMFはまた，各国通貨の平価決定に固定相場制を採用した。新しい制度のもとでも，金本位制がもつ平価安定効果をもたせたいと考えたからである。そ

の結果加盟国は，自国通貨が金平価の上下1％の範囲内にとどまるよう，為替市場に介入する義務を負うこととなった。たとえばドルに対する需要が高まり，マルクの相場が下落するとき，西ドイツ政府はドルを放出してマルクを買い支えなければならない。その結果，西ドイツは外貨準備を失うから，国内の財政・金融を引き締め，輸出を振興して輸入を抑制し，ドルに対する需要を鎮静させなければならない。つまり金本位制度の自動調節作用を人為的におこなうことによって，平価を維持しようということである。

さて，自由企業体制のもとでは，資本の国際間移動は自由であるのが原則であり，のぞましいことであると考えられている。しかしその一方で，金融・財政政策は部分的には国際収支対策に用いられるにしても，主として国内の雇用を維持するために用いられるべきであるという考えが支配的であり，その実施のタイミングや規模は，各国政府の主権に関することがらであり，自由裁量にまかせられていた。

こうして打ち立てられた国際経済の秩序は，各国経済の復興と繁栄という観点からみるとき，その機能を十分に果たした。しかし秩序の柱となった，(1)国際決済通貨に金とドルを用いること，(2)固定相場制，(3)資本の自由移動，(4)各国独自の財政・金融政策，の4つは相互に矛盾した効果をもっており，整合的であるとはいえなかった。ほどなく矛盾は顕在化し，やがてシステム全体の崩壊につながっていった。

ドル不足解消　1950年代前半から，ヨーロッパや日本の経済はいちじるしく回復し，第二次大戦前の水準をこえて成長しはじめた。50年代の後半になると，日本は高度成長期にはいったし，ヨーロッパでもEECが発足して，高水準の持続的成長がはじまった。

ヨーロッパ諸国や日本の経済が回復し，成長しはじめると，これらの国の製品の国際競争力が増し輸出がふえ，輸入の伸びが落ちた。また急成長しつつある経済は投資市場としても魅力的なものとなり，資本も流入した。その結果，ドル不足は徐々に解消されることとなった。

ドル不足の解消は，まさに戦後の終焉を告げるできごとであった。そしてそ

のこと自体は，アメリカにとっても大いに歓迎すべきできごとであった。しかし，ドル不足の解消はアメリカから大量のドルが流出したことを意味した。

　1950年代のアメリカは当然のことながら，世界最大の輸出国であると同時に輸入国であった。アメリカの輸出は世界総輸出の約5分の1，輸入は世界総輸入の約8分の1であった。もっともアメリカの貿易依存度は低く，輸出・国民総生産比率は4％にすぎなかった。アメリカの貿易収支は一貫して黒字であったが，資本収支はつねに赤字であった。海外投融資や対外援助が，貿易の黒字を相殺するというかたちになっていたのである。

　1950年代後半になって，ヨーロッパと日本の経済が発展しはじめると，アメリカの輸出の伸びが落ち，輸入が増えはじめた。その結果，アメリカの財およびサービスの対外バランスは，1957年の57.3億ドルの黒字から，58年の22.1億ドル，59年の1.5億ドルの黒字へと減少した。もっとも，その後黒字幅は増大するが，64年を山として再び減少することとなる。

　一方，資本収支の赤字は増加した。政府による援助および資本純輸出は，1954年ごろまで減少をつづけたが，55年から再び増加しはじめ，59年をのぞいて61年まで20億ドルから30億ドルのあいだ，62年から66年までは30億ドルから40億ドルのあいだで推移した。しかし，アメリカの国際収支にもっとも大きな影響を与えたのは，民間資本の輸出であった。55年には短期のものも含めて12.6億ドルであった民間資本輸出は，56年には30.7億ドル，57年には35.8億ドルと急激に増え，その後も年間20億ドルから40億ドルの水準でつづき，64年に65.8億ドルに達している。1957～61年，第2次アイゼンハワー政権のもとでアメリカ経済が停滞したため投資機会が減少したこと，高成長をつづけるヨーロッパ経済が投資対象としていっそう魅力的になったこと，1958年には主要先進国の通貨の交換性が回復したこと，などがその原因であったと思われる。

　このような諸変化の結果として，アメリカの総合収支は57年に6億ドル足らずの黒字があったのを最後に，その後毎年20億ドルないし30億ドルの赤字をつづけることになった。同時に，アメリカの金流出がはじまった。1950～57年，アメリカの金保有高は220億ドルから230億ドルのあいだで比較的安定していた

が，1960年には180億ドルとなり，さらに減少をつづけた。

流動性のジレンマ　IMF体制のもとでドルが国際通貨となったのは，各国が好んでドルを求めたために生じたドルに対する信頼からきたものであって，ドルだけを国際通貨にするという規定があったわけではない。しかし，ひとつの国の通貨であるドルが国際通貨としての役割をも演じるというIMFの機構は，はじめからいくつかの矛盾をはらんでいた。そのなかで最初に顕在化したのは，流動性のジレンマであった。

世界貿易が拡大するにつれて，貿易の決済や外貨準備に必要な国際流動性への需要も増大する。国際流動性を金とドルだけで供給するばあい，金価格は1オンス35ドルで固定的であり，金の生産量からみて，金による流動性の増加は毎年せいぜい1～2％である。世界貿易が年率7～8％で伸びるとすると，残りはドルの供給によってまかなわれなければならない。つまり，アメリカの国際収支は，年々それだけの赤字をだしていかなければならないということになる。しかし一方，国際通貨としてのドルの信頼を保つためには，アメリカの国際収支は黒字，あるいは少なくとも均衡していて，ドルはどの国からも求められる強い通貨でありつづけなければならない。

アメリカが財やサービスの輸出で大幅な黒字を計上し，経済援助や海外投融資でドルを供給するというかたちが存続しているあいだは，ドルに対する信頼はゆるがなかった。しかし，アメリカの財とサービスの貿易の黒字幅が減る一方で，民間資本流出が増大するという状況になると，ドルに対する信頼がうすれ，金兌換請求が起こり，アメリカは金準備を失うという結果になっていったのである。

このような状況を改善するために，1970年になって新準備資産（SDR）が創設されたが，期待が大きかったわりには，十分に機能しなかった。

ネオ・ケインジアンの国内政策　第二次大戦後のアメリカの国内経済運営における最大の関心事は，完全雇用の達成とそれにみあう成長率の維持にあった。その目標がほぼ達成されたのは，1960年代であった。1960年から69年までの年成長率を平均すると4.2％で，当時のヨーロ

ッパや日本にくらべると低いが，20世紀のアメリカのどの10年をとってみても，これほど高い成長率が達成されたことはなかった。同じ期間の失業率の平均は4.8％で，未曾有の繁栄期といわれた1921〜29年の失業率の平均5.1％より低かった。しかも，この間の消費者物価の上昇率は，平均して年2.3％にすぎなかった。

　アメリカ経済の繁栄をもたらした要因のひとつは，ケネディ大統領のもとで，公式・非公式の顧問に就任した経済学者たちの大胆な景気振興策であった。彼らの政策目標は，実際の経済活動と生産能力とのギャップを閉じ，経済を完全雇用能力の成長経路上で均衡させることにあった。彼らの頭のなかにも，1930年代の経験が強く残っていたにちがいない。彼らの考えはニュー・エノコミックスとか，ネオ・ケインジアンとよばれた。

　ケネディの経済政策の多くは，ニューディーラーであったジョンソンに受けつがれた。そして，アメリカ経済は1965年末には，完全雇用成長経路に乗ったかと思われた。

　1965年から68年にかけて，連邦支出が大幅に増加した。その理由はヴェトナム戦争激化による国防費の支出増と，「偉大な社会」計画のための支払い増であった。くわえて民間設備投資も大幅増となり，67年下半期からは景気が過熱し，消費者物価も上昇しはじめ，68年には物価は4.2％も上昇した。ケインジアンたちは増税を提案したが，それが議会を通過したのは68年6月末で，抑制策としては時機を逸した。景気の過熱と物価上昇の影響もあって，1965年以降アメリカの貿易収支の黒字は減少の一途をたどり，68年，69年にはわずか6億ドル余となった。外国援助や資本流出は高水準をつづけたため，国際収支は悪化し，ドルへの信頼が低下して，ドル危機が発生した。

無視された国際経済問題　1950年以降，72年までのアメリカの国際収支の累積赤字は，886億ドルに達した。それがドル不足を解消させただけでなく，60年代後半からはドル過剰ともいうべき状況を生んだ基本的な要因であった。しかし，1960年代後半からの国際金融市場の拡大によって，多額の短期流動資産が高金利を求め移動しはじめたことが，「国際通貨危

機」の直接的原因となった。短期流動資産の多くはアメリカ系国際企業,企業の現地法人や銀行の在外支店,外国銀行などが保有しており,1971年で総額2680億ドルに達していた。この金額は,各国中央銀行,国際通貨機関によって保有される準備総額の2倍をこえていた。

国際(あるいは多国籍)企業は,ジェット機とコンピュータの産物であるといわれている。それ以前にも国際企業が存在しなかったわけではないが,ジェット機とコンピュータによって経営技術の革新が生じ,複数の生産拠点を複数の国におくことが経済的に合理的となったのである。これらの国際企業が蓄積した資金の少なくない部分がユーロダラー市場に流れ,一面ではヨーロッパにおける貿易拡大と資本形成に大きな役割を果たすとともに,他方ではIMF体制を根底からゆり動かすことになったのである。

短期流動資産は,もうけを求めて高金利の国に流れる。ある国が国内経済を引き締めようとして金利を高めると,資本が流入して,政策効果は中和される。国際収支が悪化して通貨価値が低下ぎみになると,資本は逃避して切り下げ圧力は強まる。その逆も同時に起こる。こうして,IMF体制下の固定相場制,資本の自由移動,各国独自の金融政策のあいだの矛盾はいっそう大きくなったのである。

アメリカでは,少なくとも1960年代においては,国際収支が国内の金融政策によって影響を受けるという認識も,金融政策によって国際収支問題に対処しようという発想も乏しく,金融政策はもっぱら国内の景気対策に関連してのみ用いられた。アメリカは国際収支が悪化すると,63年の利子平衡税,65年,68年の対外直接投資規制,対外信用規制のような直接統制によって対処しようとした。しかし64年後半の国際収支の悪化は,国内経済拡大策のためにアメリカの長期金利が引き下げられたのに対して,諸外国の金利が上昇したために生じたと考えられるし,66年と68年の国際収支の改善は,インフレ抑制策としてとられた金融引締めによるところが大きく,67年前半の悪化は国内金利の低下による短期資本の流出に原因があった。

アメリカでは,もともと国内市場が大きく,国際的な取引は経済のごく小部

分にすぎず，重要性が少ないと考えられていた。したがって，国内のためにとられた政策が海外に影響をおよぼしたり，外国の事情がアメリカ経済に影響を与えるというようなことに対する認識は深くなかった。すでに述べたように，アメリカは第二次大戦後，積極的な対外経済政策を実行した。しかしそれはおもに，アメリカが世界でとびぬけてゆたかな国であるという現実と，それに対する責任感とからきたものであって，経済の国際的な依存関係の深まりに関する認識があったためではなかった。経済の現実は，60年代後半になって急速に変化していた。しかし，それが何を意味するかについての理解はおくれた。

ジョンソンをひきついだニクソン政権の国際収支対策_{ビナイン・ネグレクト}は，ほとんど存在しないに等しかった。それは，当時「ビナイン・ネグレクト」（やわらかな無視）とよばれた。ビナイン・ネグレクトは，つぎの3つの考えに基づいていた。

(1) マクロ経済政策は，国内対策にのみ用いられるべきである。
(2) 直接統制によって，国際収支の改善ははかられるべきでない。
(3) アメリカはドルを切り下げるべきではなく，ドルの為替価値の変更は他国通貨の平価の変更によってなされるべきである。

ニクソン政権のこのような姿勢は，アメリカの経済政策に対する諸外国の不信をつのらせ，ドルに対する信頼をいっそう低下させた。アメリカの国際収支はさらに悪化した。そして，ついにアメリカの貿易収支が赤字になるという歴史的な転換が生じた。

アメリカの貿易収支は，第二次大戦後はおろか，20世紀にはいってから一度も赤字になったことはなかった。しかし，1971年に22億ドルの貿易赤字が発生し，翌年にはそれが64億ドルにふくらんだのである。これはほぼ100年ぶりのことであり，アメリカにとっていわば未知の経験であった。

1971年8月，アメリカの金準備は110億ドルにまで低下した。しかもフランスをはじめ，なお数十億ドルの金兌換要求が予想された。そこでニクソン政府は金＝ドル兌換停止と，その他一連の「新経済政策」を発表した。金兌換停止は，IMF体制の根底をゆるがせた。各国政府・中央銀行は平価維持義務を放

棄し、各国通貨はいっせいに固定相場をはなれて「フロート」した。為替相場の変動に対する不安から、先進国間の貿易が停滞したため、同年12月ようやく「スミソニアン合意」（アメリカ・ワシントンD.C.のスミソニアン・インスティチューションで成立した国際通貨に関する合意）が成立した。ドルの金価値に対する7.66％切り下げ、円の16.88％切り上げをはじめとする通貨交換比率の多角的調整がおこなわれて、為替相場はいちおう固定相場制にもどった。

しかし、その後もアメリカの国際収支、とくに貿易収支の赤字は増大しつづけた。1973年2月のポンド危機の再燃に、各国通貨は再びいっせいにフロートして変動相場制に移行した。それとともに、ドルは再び切り下げられたが、変動相場制への移行は、戦後の世界経済を指導して大きな役割を果たしてきたIMF体制がその役割を終えたこと、新しい体制が必要になったことを象徴的に示した。

5 相互依存性の新しい枠粗み

パックス・アメリカーナの崩壊　すでに述べたように、1950年ごろのアメリカの国民総生産は、世界の国民総生産の約半分を占めていた。アメリカの圧倒的な経済力は、それだけで自由主義世界の指導者として期待され尊敬されるに十分であった。しかし、ヨーロッパや日本の経済が急成長をとげると、アメリカの相対的地位は低下した。1980年のアメリカの国民総生産は、世界の総生産の21.5％であった。日本は9.0％、ECは22.4％である。日本とECをあわせると31.4％、アメリカの1.5倍に近い。かつては図抜けてゆたかな国民であったアメリカ人は、いまでは並みのゆたかさをもつにすぎなくなった。もっとも1950年において、世界の総生産の約半分をひとつの国が生産していたということが異常なのであって、アメリカが指導力を発揮してつくりだしてきた正常な状態とは、アメリカ経済の地位の相対的な低下を必然的に含むものであったということができる。

しかし、新しい事態をむかえるためには、発想の転換が必要である。みずか

らを自由世界のゆるぎなき指導者として考えてきたアメリカは、ヨーロッパ諸国や日本をパートナー、あるいは競争者として認識しなければならなくなった。同様に、ヨーロッパ諸国や日本には、世界の政治経済秩序維持のための責任の一端を積極的にになう姿勢が求められた。パックス・アメリカーナは崩壊した。それに代わって、新しい責任分担体制によるパックスが必要になったのである。

1970年代に、アメリカの貿易依存度は急速に上昇した。70年代はじめの輸出・国民総生産比率は6％を上まわる状況になっていたが、1980年には11％に達している。貿易立国をとなえてきた日本の同年の輸出・国民総生産比率も11％前後であったから、アメリカ経済にしめる海外部門の大きさの割合は日本と変わらなくなったのである。同年、アメリカの製造業の製品の20％は輸出されていた。

深くなった相互依存性　貿易収支の赤字、変動相場制への移行、アメリカの地位の相対的低下、貿易依存度の上昇などという事態は、アメリカ経済が世界の相互依存性の枠組みのなかに完全にとりこまれたことを意味している。1970年代にはまた、2度にわたるオイル・ショックがあった。73年の第一次オイル・ショックと、79年の第二次オイル・ショックである。その影響の程度は国によって、またそのときに採用された経済政策によって若干の差があったが、影響を受けなかった国はなかった。もちろん、アメリカも例外ではなかった。

物価の上昇、景気の後退、貿易収支の大幅な赤字、産業構造の変化にともなう摩擦の発生など、70年代から80年代はじめの経済調整は容易ではなかった。明らかに経済政策の失敗と考えられるばあいも少なくなかった。

成長率の低下、高水準の失業という状況のなかで、各国政府のあいだの経済問題に対する不協和音は高まった。アメリカでもEC諸国でも、保護貿易を要求する生産者や労働者が増えた。国際経済は微妙な段階をむかえた。しかし、このような経緯のなかでも世界経済の相互依存性の認識は深まりつつあった。かつてよく、「アメリカ経済がくしゃみをすれば、日本やヨーロッパは風邪をひく」といわれた。1980年代ではアメリカだけではなく、日本やヨーロッパ、

あるいは地球上のどの地域でも風邪をひくならば，その風邪が世界に蔓延しかねないことを疑う人は少なくなっている。

アメリカ経済の地位の相対的低下や，アメリカ的世界経済体制の崩壊は，アメリカ経済の将来が暗いことを意味しないし，アメリカ経済が転落への道をたどったということでもなかった。

アメリカは1970年代，80年代のはげしい変動に対する自己調整を終え，90年代には再び不死鳥のようによみがえり，世界経済をリードする存在になっていくのである。

▶注
1) G. A. Lincoln, W. Y. Smith and J. B. Durst, "Mobilization and War," Seymour E. Harris, ed., *American Economic History*, 1961, chapter 7, p. 225.
2) 第二次大戦中の経済について書かれたものは少なくないが，もっともよくまとまっているものとして，Chester Whitney Wright, *Economic History of the United States*, 1949, Part IV, chapter XLIV, pp. 794-840 がある。
3) Alvin Hansen, *The American Economy*, 1957, chapter 5, *passim*.
4) Harold G. Vatter, *The U. S. Economy in the 1950s*, 1960, pp. 74-75.
5) Bert G. Hickman, Growth and Stability of the Postwar Economy, 1960, pp. 74-75.
6) Vatter, *op. cit.*, p. 46.
7) アメリカ学会編『原典アメリカ史』第6巻，岩波書店，1982年，有賀貞「冷戦」概説。
8) *Statistical Abstract of the United States*, 1953, pp. 886-896.
9) Vatter, *op. cit.*, p. 63ff；Lincoln, Smith, Durst, *op. cit.*, p. 230ff.

第10章 国内政策の転換とその背景

1 ケネディ=ジョンソン政権とその経済政策

「ニューフロンティア」　1960年の大統領選挙をむかえて民主党は，選挙に勝つ可能性が十分にあると思いはじめた。アイゼンハワー個人の人気はまだおとろえていなかったが，憲法修正第22条のせいで，3選を目指すことは不可能であった。共和党は，副大統領ニクソンを大統領候補に選んだ。民主党では候補者決定の長い争いがつづくのではないかと思われたが，マサチューセッツ州出身の上院議員ジョン・F.ケネディが予備選挙で強さを発揮すると，予想されたほどの困難もなく大統領候補に選ばれた。ケネディは，副大統領候補にテキサス州出身のベテラン上院議員ジョンソンを指名した。

　人々は共和党の治世に失望を感じていた。景気後退のために1958年には労働力人口の6.8％が失業した。1959年と60年には失業率は5.5％に低下したが，景気の回復というにはほど遠い状態であった。1957年にはソ連がスプートニクを打ち上げ，科学技術の面においてもアメリカの指導的地位は低下していることが明らかとなった。

　選挙戦でニクソンは，アイゼンハワーと共和党の実績をたたえ，みずからの外交，内政における経験の豊かさを前面に押しだし，共和党政治の継続発展こそアメリカのすすむべき道であると訴えた。一方，民主党のケネディは，戦争中の勇敢な戦歴と議会におけるリベラルな言動を背景に，きわめて組織的な選挙運動を展開した。彼にとって不利と思われたのは，彼が若く未経験であり，カトリックであるということであった。彼は，共和党のもとで世界におけるア

メリカの相対的地位が低下したこと、アメリカは強くたくましく前進しなければならないことを主張した。

1960年の選挙戦は、テレビが重要な役割を果たした最初の選挙であった。両候補ともテレビを積極的に活用して自分のイメージの定着をはかった。また4回におよぶ公開討論会では不利と思われていたケネディが、百戦練磨のニクソンに対して一歩もひけをとらず、その若く魅力的な容貌とさわやかな弁舌でかえって人気を高めた。

選挙戦の結果は大接戦となり、ケネディは一般得票でわずか12万票弱の差をもってニクソンに対する勝利をおさめた。

アメリカ史上、選挙で選ばれたもっとも若い43歳の大統領の出現は、アメリカ国民にある種の興奮をもたらし、新しい時代への希望をいだかせた。政治に対して疎外感をもっていた知識人もケネディのまわりに集まり、すすんで協力した。アメリカという国家の目標を定義し、設定する報告書や研究が数多く発表された。月ロケットや超音速旅客機の開発は、国家的なプロジュクトとなって研究者たちを刺激したし、若者たちは新しく発表された平和部隊に夢と使命感とをかきたてられた。経済面では不況を克服し、経済を繁栄の軌道にのせることが先決であった。ケネディは多くのケインズ派の経済学者を公式、非公式の顧問にむかえ、新しい考え方のもとで減税計画を発表した。

ケネディは、アメリカがなすべきことは多いと考えた。そのなかには、貧困の問題や公民権の問題があった。アメリカがその経済力と英知をかたむけ、勇気と決意をもって前進するならば、解決されない問題はありえないとケネディは論じた。彼のプログラムは「ニューフロンティア」と名づけられた。

しかし、ケネディ政権は必要な法案の議会通過を実現するだけの実行力に欠けていた。ケネディの貢献は、主として今まで人々が注目していなかった諸問題の存在を指摘したことにとどまり、問題解決の具体策の多くは次期大統領にまかされざるをえなかった。

ケネディ大銃領は1963年2月13日テキサス州ダラスで暗殺者の銃弾に倒れた。ケネディ暗殺の状況、暗殺容疑者リー・ハーヴェイ・オズウォルド殺害の様子

は直接テレビに映しだされ，アメリカ国民に大きな衝撃を与えた。アメリカは悲しみに沈んだ。その様子をみると，ケネディが国民に深く愛された大統領であったことがわかる。

議会人ジョンソン ケネディのあとを引きついだジョンソンは，「レット・アス・コンティニュー」という彼の言葉からわかるように，ケネディによって立案された計画の推進を約束した。しかし，ジョンソンのスタイルはケネディとまったくちがっていた。ジョンソンはケネディのように知識人に訴えるものをもたなかったが，議員としての長い経歴を背景に，実務的政治家として国内問題に関する多くの法律をつぎつぎと成立させていった。そのなかには1964年7月の公民権法，8月の経済機会法があった。

図10-1 ジョン・F.ケネディ

1964年の選挙はジョンソンと共和党のアリゾナ州選出上院議員，バリー・M.ゴールドウォーターとのあいだで争われた。ゴールドウォーターは共和党の保守派を代表し，国内問題については肥大化した政府と労働組合に反対し，農産物価格支持制度や社会福祉制度に対しても，批判的ないしは反対の立場をとった。ゴールドウォーターの率直さと正直さを疑う人は少なかったが，彼の見解は多数のアメリカ人の賛成を得るには片寄りすぎていた。ジョンソンは経験ある実務的，中道的姿勢を崩さず，選挙では圧倒的な強さを示してゴールドウォーターに大勝した。

ジョンソンは，フランクリン・ローズヴェルトを尊敬するニューディーラーであった。再選されたジョンソンは彼独自の「偉大な社会」（Great Society）とよばれるプログラムを設定した。そのなかには経済成長を刺激するためのケネディの減税計画，人種差別廃止諸法，選挙権行使保護に関する諸法，老人に

対する健康保険，教育に対する連邦支出，さらに「貧困との戦い」（War on Poverty）があった。貧困との戦いには経済弱者の再教育，職の発見，社会奉仕などが含まれていた。また移民法も改正され，移民の出身国による差別は撤廃された。

ジョンソンの積極的な経済政策とヴェトナム戦争の拡大にともなう戦費の増加は，1967年以降経済を過熱させ，物価を上昇させることとなった。それとともに，ジョンソンの国内プログラムも資金難から破産に瀕し，人々はその有効性に疑いをもちはじめた。ジョンソンは自分の再選がむずかしいと判断し，1968年，次期大統領選に出馬しないと発表した。

2 「結果の平等」と「参加民主主義」

科学への信仰と失望　1960年代はきわめて興味のある10年であった。それは科学者と技術者の時代であった。およそすべての公共計画は，都市再開発であれ，交通であれ，医療であれ，教育であれ，貧困であれ，科学者や経済学者によってつくられた合理的な計画となった。専門化されたスタッフが各領域で需要を予測し，供給計画をたて，資金計画をつくり，政府はそれらに基づいて政策を実行すべきものとされた。

60年代は，科学技術の進歩と将来の世界に対する楽観主義が支配した時代であった。1969年7月には科学技術者の手によって，人類は月にまで到達した。抗生物質がつぎつぎに発見され，多くの病人の命がすくわれた。大型ジェット機の就航は世界を小さくしたし，超音速機もまもなく実用化されるであろうと確信された。このような科学技術の進歩の速度をみれば，人類が宇宙をわがものとし，時間や距離の障壁をとりはらい，病気や災害をすべて克服する日も近いであろう，計画さえまちがえなければ貧困のような社会問題さえ，まもなく解決されるにちがいない，と思われた。

60年代の大部分を通して経済は繁栄していた。生産性の伸びははやく，失業率は低く，好景気はつづいた。経済の管理技術が進歩したため，人間はほとん

どすべての経済問題を解決したかに思われた。しかし，このような科学万能の神話が流布していた背後で，新しい政治・経済思想が生まれつつあった。

ジョンソンの貧困との戦いは，二面性をもった計画であった。それはアメリカが全力をもってそれにあたれば，貧困の問題は解決されるという楽観主義に基づいていたが，同時にいままでとちがった民主主義に関するふたつの考え方を含んでいた。そのひとつは「結果の平等」であった。貧困との戦いは，伝統的な意味での平等である機会の平等を求めたものではなく，結果においてアメリカ人はある一定水準以上の生活を享受するべきであるという考えに裏づけられていた。いまひとつは「参加民主主義」であった。貧困は純然たる経済問題ではなく，貧民のなかに動機の欠如，無気力，疎外感がある限り解決しない問題であるという認識から，自主性と参加が強調された。政治や経済の過程に積極的に参加することによって共通のフィーリングを得，疎外感を克服することが問題解決の鍵と考えられたのである。

結果の平等と参加民主主義は科学技術が管理する社会体制に対して，反対勢力となるエネルギーを秘めていた。60年代末以降のインフレと高水準の失業の併存，73年のエネルギー危機，それにつづく長い不況は，経済学者の経済管理能力に疑念をいだかせた。60年代の交通に対する大規模な投資にもかかわらず混雑は緩和されず，都市計画は犯罪を減少させるどころか都市を破産させ，その活力をうばった。抗生物質は万能でないことがわかったし，癌はいっこうに征服されそうになかった。たしかに，月に到達したことはすばらしかった。しかし，技術者は人間の日常生活にとって基本的な問題を，何ひとつ解決しなかったようにみえた。

参加民主主義　技術万能の神話がくずれるとともに人々は，技術者でなく自分たちが自分たちの生活にとって基本的なことを決定する権利をもつと主張しはじめた。それが高速道路の建設，超音速旅客機の開発，その他のあらゆる大規模な投資計画に対する反対運動となって，1960年代末からのアメリカ社会を彩った。

60年代後半に結実する「結果の平等」と「参加民主主義」は人種差別撤廃運

動をいっそう勢いづかせ，他のマイノリティや女性もそれぞれの差別撤廃を叫んで運動を展開した。

　消費者運動も新しい民主主義のにない手であった。60年代には『コンシューマーズ・リポート』紙の発行部数だけでも200万部をこえ，1965年以降はラルフ・ネーダーの活躍が世間の注目を集めた。ケネディ＝ジョンソン時代には多くの消費者保護立法が議会を通過した。

　環境保護運動も60年代に多くの住民の参加を得て大きく前進した。ニューディール期の地方分散化運動，緑化運動に影響を受けていたジョンソン大統領は，環境問題を国内政策のひとつとしてとりあげ，偉大な社会計画のなかに含めた。1968年から69年にかけて議会は環境に関する法案の洪水となった。1970年には国家環境政策法がニクソン大統領のもとで成立し，連邦環境保護庁が設立された。環境に関する一連の法律のなかで社会的影響がもっとも大きかったのはマスキー法としで知られる清浄大気修正法であった。

　これらの運動やその結果制定された法律は，いずれも民主主義のいっそうの拡大と深化という時代のムードを代表していた。そのような時代のムードを醸成し発展させた大きな要因のひとつに，裁判所のリベラルな判決があった。法律は多くの場合原則を設定するにすぎず，判例によって肉付けされる必要があった。市民国体は法の適用に関して数々の訴訟を起こし，裁判所は相次いでリベラルな判決をくだしたのである。

3　ニクソンの破綻とカーターの登場

ニクソンの所得政策　1968年の大統領選挙は，共和党のリチャード・ニクソンと民主党のヒューバート・H. ハンフリーとのあいだで争われた。1968年は，アメリカ史上まれにみるほど暴力が猛威をふるった年であった。ヴェトナムでは戦争がたけなわであり，それにともなう徴兵の問題が若者たちの頭を悩ませていた。黒人の暴動は鎮静していなかったし，キング牧師の暗殺後は都市部で激しさをましていた。白人のまき返しも強まっていた。

民主党の大統領候補を目指していたロバート・F.ケネディも暗殺され，多くのアメリカ人はケネディ一家の悲劇に深い同情をよせた。シカゴにおける民主党大会にはニュー・レフトとヴェトナム戦争反対のデモ隊が押しかけ，市警察と激しく衝突した。

　ハンフリーはジョンソンのもとで副大統領であったために，はじめから不利な立場におかれていた。南部ではアラバマ州の前知事ジョージ・C.ウォーレスが新しくアメリカン・インディペンデント党を組織して，大統領選に独自のイデオロギーを反映させようとしていた。ニクソンは穏健中道的な立場をとり，党派的な問題を避け，「法と秩序」を強調した。選挙戦の結果はきわどいものであった。ウォーレスは南部の5州を獲得した。民主党は両院の多数を制したが，共和党は南部において勢力を伸ばした。ハンフリーは，一般得票では1％にみたない差でニクソンに破れた。

　大統領に就任したニクソンは，国内問題に関して急激な変化を求めず，穏健で実際的な対策を指向した。彼は，所得税法を改正して富裕者の抜け道をふさぎ，黒人を雇うよう企業を説得する一方で，国家福祉体制の全面改正を提案した。後者は議会の反対を受けて成立しなかったが，連邦政府の支出項目のうち福祉関係費は大幅に減少した。ニクソンの在任中に退官した最高裁判所の判事は4人にのぼったが，ニクソンは保守的と思われる判事をつぎつぎと任命した。1971年ペンタゴン・ペーパーズ報道事件が生じた。『ニューヨーク・タイムズ』と『ワシントン・ポスト』がヴェトナムに関する極秘文書を入手し，その連載をはじめたのに対して，政府が差し止めを求める訴訟を起こしたのであった。国家機密と報道の自由の相克が争点であったが，結局において文書の公表がみとめられ，ヴェトナム戦争に関する世論に決定的な影響をおよぼした。1971年には憲法修正第26条が成立し，投票権は18歳に引き下げられた。

　経済面では，1969年の需要圧力はニクソン政権の思い切った連邦支出削減と，連邦準備銀行の引締めとによってかなり緩和された。その結果，1970年には実質国民総生産は60年代に一度も経験しなかったマイナスとなった。それにもかかわらず消費者物価は低下せず，1970年は前年比5.9％，1971年は前年比4.7％，

72年は前年比3.6%の上昇となった。失業率も70年に4.9%, 71年に5.9%, 72年に5.6%という高水準になった。このようにインフレと失業とが共存する「スタグフレーション」は, 政治的にも好ましいことではなかった。ニクソンは1971年8月,「新経済政策」を発表し, 物価, 賃金の統制に踏みきった。

ニクソンの所得政策は第一段階（賃金・価格の凍結とドルの金交換の停止, 1971年11月まで）, 第二段階（食料, 医療, 建設などをのぞいて凍結終了, 1972年末まで）, 第三段階（凍結の完全終了, 1973年以降）にわかれていたが, 1973年になると世界的な景気拡大の同時進行, 凶作による穀物価格の暴騰, ドルの切下げなどの要因が重なって, 物価が急上昇をはじめた。これに追打ちをかけたのが, 73年秋の第一次オイル・ショックであった。OPECの原油公示価格は, 73年10月と74年1月の2度の引上げによって約4倍に上昇した。その結果, 1974年のアメリカの消費者物価の前年比上昇率は13%に達した。こうしてニクソンの新経済政策は破綻した。

ウォーターゲート事件　1972年の選挙は, ニクソンとサウスダコタ出身の上院議員ジョージ・S.マクガヴァンとの対決となった。選挙戦は盛りあがりを欠き, 投票率は55%にとどまった。ニクソンは現職の強味を発揮して大勝し, マクガヴァンはマサチューセッツ州とコロンビア特別区を獲得しただけであった。マクガヴァンの副大統領候補選定のつまずきもさることながら, 彼の一貫したリベラルな姿勢が, 70年代初期に蔓延していた60年代に対する反動ムードに合致しなかったといえよう。

選挙戦における圧倒的な勝利はニクソンに自信を与え, 国内問題についていっそう保守的な政策を採用させることとなった。ニクソンは軍事費をのぞいて大幅に連邦支出を削減し, 社会政策的な支出を極端にきりつめ, 議会が支出に対して上限を定めるよう求めた。

しかし, 第二期のニクソンは自分の政策を実行にうつす前に, ウォーターゲート事件からの自己防衛に狂奔するありさまとなった。ニクソンは最近のアメリカ大統領のなかでは特異な性格をもった人物であった。どちらかといえば孤独で, 内にこもりがちな, また権力欲の強い人であった。連邦政府が強力にな

りすぎたと考えるニクソンが，結局において国家安全保障の名のもとに，個人の自由をも侵害するような強大な権力を，ホワイトハウスに集中しようと努めたのは皮肉なことであった。

1974年8月9日，ニクソンは大統領を辞任した。現職の大統領がみずから辞任するのはアメリカ史上はじめてのことであった。ニクソンは，ウォーターゲート事件に大統領もまきこまれていたことの証拠となるホワイトハウスにおける会話テープの提出を，行政特権と国家の安全保障の理由で拒否した。最高裁判所は，テープの提出を命じた。テープの内容を知った議会と国民は，ニクソンが名誉ある正直な人間として行動しなかったと判断した。議会が大統領弾劾という行動にでることが明らかになったとき，ニクソンは辞任したのであった。

ウォーターゲート事件がアメリカの内政におよぼした影響のひとつに，情報公開法の制定がある。この事件の後，アメリカ連邦議会はこうした事件の再発を防ぐための措置として，新連邦選挙運動法やウォーターゲート改革法を制定したが，1974年11月にフォード大統領の拒否権行使を乗りこえて成立した「情報の自由法」（Freeedom of Information Act）の改正法も，またその一環であったといってよい。ウォーターゲート事件の原因のひとつが，補佐官など大統領側近による秘密政治にあったことからみれば，秘密政治を排除するために政府がもっている情報や資料の公開を法的に義務づけることは，当然の成り行きであったからである。こうした情報公開の要求は，その後さらに拡大されて，1976年には会議公開法（通称サンシャイン法）が制定され，連邦政府機関の会議は，若干の例外をのぞいて，すべて原則的に公開されることになったのである。

大統領選をたたかったことのない大統領　ニクソンが辞任すると副大統領のジェラルド・R. フォードがあとをついだ。フォードはニクソン大統領の任期中に辞任したアグニュー副大統領のあとをついで副大統領に任命されたために，アメリカ史上選挙戦をたたかわないで大統領になったはじめての人となった。フォードは正直で明けっぴろげの人間であるようにみえた。人々は彼を信頼したが，同時に彼が強力な指導者であるとは考えなかった。

フォードは就任以来，物価上昇こそアメリカが直面する最大の敵であると考え，何にもましてその安定を政策目標の中心におくと表明した。性急な金融政策が採用され経済は不況におちいり，実質経済成長率もマイナスとなった。1974年11月失業率が6.5％をこえる水準に達すると，フォードは彼のいう「179度」（180度ではないという意味）の政策転換をおこない，景気振興策を採用した。しかし，失業は低下せず，75年を平均すると失業率は8.5％という戦後最高の水準に達した。75年の経済成長率もまたマイナスであった。そして，その後も景気の回復の速度は国際的要因もあってにぶく，インフレも鎮静しなかった。

　1976年にはアメリカは独立200年をむかえ，多彩な催しが各地でおこなわれた。ヴェトナム戦争とウォーターゲート事件は，まだ深くアメリカに傷痕を残していた。

　1976年はまた選挙の年であった。共和党の保守派は，フォードがリベラルでありすぎると考えていたし，議会の多数派であった民主党はフォードが保守的にすぎると考えていた。民主党の候補者はジミー・カーターであった。カーターはジョージア州の知事だったというだけで，全国的には未知の人であった。しかし彼が予備選挙に出馬し，きわめて組織的な闘いぶりをみせて善戦しはじめると，「カーター現象」という言葉まで現われるほどの台頭ぶりをみせた。

　この選挙戦でもテレビ討論がおこなわれた。人々はフォードを好ましく思ったが，指導者とみることはできなかった。カーターには未知数の不安があり，政見も具体性にとぼしく，大統領候補としてのイメージはあいまいであった。しかし，人々は彼の素朴な南部の農民というポーズに賭けた。こうしてカーターは南北戦争後最初の深南部（ディープ・サウス，典型的な南部の特徴をもつ州，通常ジョージア，アラバマ，ミシシッピ，ルイジアナを指す）出身の大統領となった。また，現職の大統領が選挙に破れたのは，1932年のフーバー以来のことであった。

農夫ジミー・カーター　　カーター大統領の就任演説は誇大な表現を抑えた謙虚なものであっただけでなく，「「より多い」ことが必ず

しも「より良い」とはかぎらないこと」,「わが偉大な国でさえ,はっきりした限界があること」などの点を指摘し,独立後3世紀に向かわんとするアメリカの新しい考え方を打ちだしたものであった。

70年代の前半は混迷の時期であった。科学万能神話は崩壊したが,それに代わる新しい思想はまだ生まれなかった。大衆運動はつづいていたが,キャンパスは,ヴェトナム戦争終結とともに平静をとりもどした。景気が後退すると,大衆運動の目標と経済政策目標とのあいだの接点がどこにあるかについての疑問が広がった。環境保全のためにパイプラインの建設をとりやめるとすれば,アメリカは燃料資源の不足になやまなければならない。公害防止に対する過大な新投資は生産物を増加させず,コストを押しあげ,インフレを促進する。それはひいては失業率も増大させることになる。70年代前半は,よりいっそう高次元の調和をもとめて模索がおこなわれたといってよい。人々は環境や公害や結果の平等を忘れたわけではなかった。しかし,それらが容易に達成されるものでなく,インフレや失業問題の解決とともに長い期間をかけて冷静に取り組まなければならないと感じはじめたのであった。こうしてアメリカ合衆国は60年代に気づいた多くの問題の解決を,その独立3世紀目にもちこすこととなったのである。

4　規制撤廃と競争原理

航空規制の撤廃　　1977年9月,レイカー航空の最初のロンドン—ニューヨーク便がとんだ。レイカー航空の便には,食事も機内サービスもなく,キャビンアテンダントもいなかった。しかし,大西洋をわずか99ドルで運んでくれた。そして,それが航空における規制撤廃のはじまりであった。規制撤廃の波は海運,トラック輸送,鉄道,通信,電気,銀行など経済のあらゆる部門にひろがった。

規制撤廃 (deregulation) は1970年代なかばでは規制改善 (regulatory reform) とよばれていた。そしてそれはフォードにはじまり,カーター,レ

ーガン，そして民主党のクリントンにとってさえ国内政策の中心課題となった。その意味するところは，肥大化した政府部門，少なくとも官僚統制の縮小にあった。もちろん，これらの統制はすべて議会で成立したからこそ法律になったものである。しかし連邦政府がつくりだした規制が，アメリカ人の生活のほとんどあらゆる領域において損害を与えているという認識は，少なくもフォード，カーター，レーガンに共通していた。

3人の大統領が過大な規制を批判するにあたって，彼らの政治的本能に導かれていたことはまちがいない。彼らは大衆が何を考えているかについての判断のうえに現状を批判し，大衆に訴えるような政策の指針を打ちだした。

しかし，具体的に政策として何を実行するかということになると，彼らはスタッフのなかの経済学者の影響を強く受けたと考えられる。大統領府は経済諮問委員会やその他多くの経済運営，諮問機関をかかえており，それらは連邦支出の効率性やマクロ経済の安定と成長に深く関わっていた。

インフレとたたかう必要がなかったならば，フォード大統領は規制緩和の擁護者とならなかったかもしれない。1974年の夏，フォードはインフレ対策を論じるために，有力な市民たちとトップ会談をつぎつぎにひらいた。これらの会合で，経済学者たちの意見はほとんど一致しなかったが，ひとつの点だけは例外であった。それは政府自身が市場の動きに対し，反競争的制限を加えることによって，インフレに貢献しているということであった。

1974年の秋，フォード政権は競争政策について明確な姿勢を打ちださなかったが，ドメスティック・カウンシル・リビュー・グループ（Domestic Council Review Group on Regulatory Reform, DCRG）がつくられ，毎週ホワイトハウスで会合をひらき，各種の団体，司法省，政府内機構などからの改善の提案をまとめる仕事がはじめられた。

1975年の春までにフォードは，規制改善を反インフレ計画であると位置づけることはやめ，それ自身が重要な政策目標であると主張しはじめた。その理由はおそらく，マクロ経済政策の転換にあったと思われる。マクロ政策の目標が価格から雇用にうつると，規制改善をインフレとむすびつけることがむずかし

くなった。フォードは規制改善を個人心理，アメリカ文化，そして経済学の観点から合理化した。彼はニューハンプシャーでの演説でつぎのように述べた。「競争の縮小は……自由企業体制を傷つける。競争……私はそれが政治においてよいことであり，スポーツにおいてよいことであり，それが生産性と技術革新の鍵であると考えている」。また彼は2週間後のワシントンにおける演説で，「われわれが欲するものをすべてわれわれに与えるほど大きな政府は，われわれがもっているものをすべて奪うほど大きな政府である」と述べ，直接的に大きな政府に対する批判を加え，それに対する政策の一環として規制改善を位置づけたのである。

　フォードはなぜ規制改善にこだわったのであろうか。それは規制の緩和と撤廃が消費者の利益だけでなく，ビジネスの利益にもなり，規制批判が自由企業体制に対する伝統的なアメリカ人の心理，肥大化した政府に対するアメリカ人の不安に訴えるものをもっていると判断したからにちがいない。政府に対する不信感は，ヴェトナム戦争の後遺症やウォーターゲート事件に加えて，経済運営の失敗もあり，かつてなかったほどの高まりをみせていた。政府の活動を維持するための税金は高くなり，個人活動に対する介入は増える一方で，街角での犯罪は増加していた。

　政府は「ろくなことをしない」というアメリカ人の意識を背景に，フォードは，政府活動の縮小を約束する政策が大衆の支持を得ると判断した。フォードは，大きな政府を攻撃する彼の演説が温かく迎えられていることに気づいていた。経済問題の解決には，アメリカ建国以来の伝統的な価値観に帰ることが必要だというわけである。また共和党政権のもとでケインジアンの勢力は減退し，マネタリストの発言力が増大していた。経済政策は政府の介入を最小限にとどめ，通貨の安定的な供給と金融政策にかぎることがのぞましいという考えである。

既得権益に対する挑戦　しかし，規制改善は既得権益に対する攻撃を意味した。ある人は，フォードはナイーブで既得権益の強大きさについて無知であるにすぎないと述べた。大統領のスタッフのなかでも政治に

よりくわしい人たちは，この問題に対するフォードの姿勢に批判的であった。副大統領のネルソン・ロックフェラーもそのなかにふくまれていた。しかし，フォードはすでに覚悟を決めており，どこででも規制緩和を論じた。

　規制緩和の進展はまちまちであった。検討対象となった規制はひろい範囲にわたっていた。DCRGでは鉄道，天然ガス，金融機関，海運，保険，農業協同組合，郵便その他の産業がとりあげられた。しかし，そのときそれらは，法案が議会に提出されるほどには具体化しなかった。航空とトラック業，有線テレビ，ロビンソン・パットナム法改正に対する努力は，集中的におこなわれた。またCAB（民間航空委員会），ICC（州際商業委員会）など独立規制機関の改組についても検討がおこなわれた。

　規制緩和が実行にうつされていくためには，さらに有力な政治指導者たちの支援がぜひとも必要であった。その支持は，主として民主党のエドワード・ケネディ上院議員によってあたえられた。

　ケネディは規制緩和の問題を，消費者運動との関連でとりあげた。ケネディが民間航空規制の問題をとりあげるにあたって力があったのは，ハーバード大学の行政法，反トラスト法の教授であったステファン・ブライアであった。ブライアは，航空がまさに規制と競争の象徴的なケースになりうると考えた。ケネディは，消費者運動に関心をもっていたことから，彼が座長をつとめる小委員会で航空問題をとりあげることに同意した。小委員会の公聴会では，主として価格規制が問題となった。ケネディには，反競争的規制は大企業を守るためであり，競争は消費者の利益になるという理論があった。ラルフ・ネーダーは60年代末から70年代にかけて，規制機関は規制されるものの利益を守るためにあると主張していた。彼のグループは規制機関の批判をつづけ，世論を形成しつつあった。そのころのネーダーのことは何でもニュースになった。ケネディは，消費者と消費者運動は政治的な潜在力をひめていると考えたにちがいない。

　ケネディのCABに関する公聴会は1975年はじめにひらかれ，劇的な成功をおさめた。航空規制の悪影響に関する学者たちの証言，CABの反競争政策の無数の証拠，そしてそれらが提示されたとき，CABは批判者たちにまともに

答えることができなかった。CABの規制を受けない州内航空会社の運賃が，規制を受けているほぼ同じ距離の州間運賃よりも安いという点が指摘されたとき，CABは運賃差は規制のためではなく，気候条件や飛行密度や使用機材のためであると主張したが，だれもそれを信じたものはいなかった。運賃やオーバーブッキングや荷物として運ばれるペットの虐待など，多くの種類の消費者の不満があるにもかかわらず，CABはそれらの不満に応えるために時間の3％しか使っておらず，時間の60％は，チャーター航空会社が，CAB認可運賃よりも低い運賃で飛びはしないかを監視するために費やされていたことが明らかにされた。

公聴会は学者やポピュリストたちの規制に対する批判を全国的に宣伝し，人々の注目を集める役割を十分に果たした。新聞は公聴会を全面的にとりあげ，詳細を報告するとともに，それに対する社説や論説をのせた。

消費者運動と規制撤廃　こうしてケネディとフォードの立場は一致した。それはある限界内での一致であった。ケネディにとって，それは消費者運動の一環であり，フォードにとってはビジネスに対する政府介入の縮小と，自由企業体制の活力維持のためであった。しかし，両者は民間航空の競争促進と規制緩和，価格統制と参入制限の撤廃という点で一致した。この時期になってややあいまいな規制改善という言葉に代わって，規制撤廃（deregulation）という言葉が使われはじめた。

ケネディは，フォードにくらべると規制撤廃をはるかにせまく考えていたが，その点ではジミー・カーターもケネディと変わらなかった。カーターは民間航空において，ニューディール期につくられた規制が，ときとともに多くの既得権益をつくりだし，それが消費者に損害を与えているとし，反競争的規制は廃止されなければならないと主張した。しかし彼は一方で，消費者保護，環境保護に対する規制は強化されなければならないと考えていた。カーターは，選挙戦をつうじて，規制緩和についてほとんど語ることはなかった。しかし1977年3月，議会に対する簡潔な教書で民間航空の規制緩和を提案した。彼は消費者運動に賛同していたし，機は十分に熟したと考えた。彼は基本的にはその成果

をもぎとるだけでよかったのである。カーターは小さな政府を主張したが，そのころまでに連邦政府の赤字は，経済停滞による税収の伸び悩みと支出の硬直性のために毎年巨額に達しており，小さな政府はだれが主張してもおかしくない状況になっていた。

航空は規制撤廃へのうねりを象徴的に示していた。1985年にはCABも廃止された。

第2章で述べたように，アメリカの銀行制度はヨーロッパや日本とかなりちがった歴史をたどっていた。州が監督機関であったために，多くの規制が存在していた。80年代，90年代をつうじて証券や保険などの業務上の壁がとりくずされ，支店開設についての制約も撤廃された。

アメリカ経済は70年代，80年代に困難な時期をすごした。しかし，その間に真剣に構造改革に取り組み，既得権益と戦ったといえる。規制の撤廃と競争の促進は多くのベンチャー企業をはぐくみ，技術の進歩をうながし，アメリカ経済に新しい活力を与えたのである。

5　レーガンとクリントン

イデオローグ・レーガン　　歴代のアメリカ大統領のなかで，自分自身のはっきりとした哲学をもち，それに固執しようとした人は少ない。ニューディールのような大きな政策転換をなしとげたフランクリン・D. ローズヴェルトですら，思想家ではなかった。彼は，現実的な妥協によって多数派を維持しようとした老練な政治家であった。民主党のトルーマンもケネディもジョンソンもカーターも個性のちがいがあり，実施した政策に民主党の伝統的な色あいがあったが，ひとつの哲学に結びついてはいなかった。共和党の大統領も同じであった。アイゼンハワーやニクソンは自由競争を強調し，連邦政府の肥大化を批判しはしたが，政策立案にあたっては柔軟であった。ニクソンにいたっては，当初はマネタリストとして出発しながら，通貨発行の抑制がデフレをもたらし，失業率を上昇させると「いまや自分はケインジアンで

ある」と述べた。フォードも就任当時，アメリカ最大の敵はインフレである，と主張しながら，失業率が高くなると「179度」の政策転換をおこない，景気振興策を採用した。

これらの大統領にくらべるとレーガンはイデオローグであった。レーガンは「強いアメリカ」を希求し，政治的哲学的には保守的で，経済的には自由競争の回復をめざした。彼の政策は頑固で原則に固執し，その結果，金利が上昇しようが失業率が高まろうが動じることなく「強いアメリカ」再生のためには，大手術が必要だという姿勢で一貫した。それは，新しいタイプの大統領による新しい実験であったといってよい。レーガンは80年から88年まで2期，大統領を務めた。

レーガンは1970年代のアメリカにうずまいていた人々の不安，自信の喪失，危機意識を的確にとらえ，それに対する政策を打ちだした。とくに都市における犯罪，税金，規制撤廃の問題に熱心に取り組んだ。その点では，レーガンの後をついだブッシュ政権も同様であったが，ブッシュはレーガンのようなイデオローグではなく，とくに国際問題については柔軟に対応した。

双子の赤字　80年代の経済問題はしばしば「双子の赤字」とよばれた。財政赤字と貿易赤字である。レーガンは景気を回復させるべく減税を実施した一方で，歳出の削減に努力したが，思うにまかせず，財政の赤字は図10-2に示すようにクリントン政権第二期の1997年までつづいた。

一方，貿易赤字は図10-3に示すようにいっこうに減らず，80年代，90年代をつうじて解消されることはなかった。もともとアメリカは消費型の社会で，個人貯蓄率は低く，景気が良くなるといっそう消費が増え，外国で生産された財に対する需要が増えるという構造をもっていた。通常のばあい，貿易赤字が増加すればドルは他の通貨にくらべて安くなり，輸出が有利に輸入が不利になって貿易不均衡は解消する方向に向かうが，アメリカのばあい，つねに資本収支の黒字で貿易収支の赤字が相殺される傾向があった。80年代，90年代とつづいている貿易の赤字がどれほど深刻な問題であるかについては意見がわかれた。アメリカは貿易に対する政府の政府の介入に反対し，自国の関税を高くするの

図10-2 アメリカの財政赤字

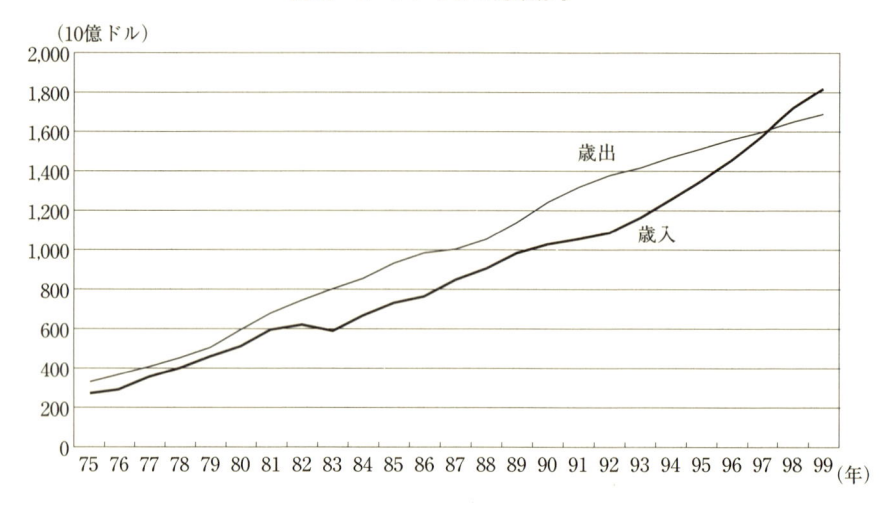

（10億ドル）

歳出
歳入

図10-3 アメリカの経常収支

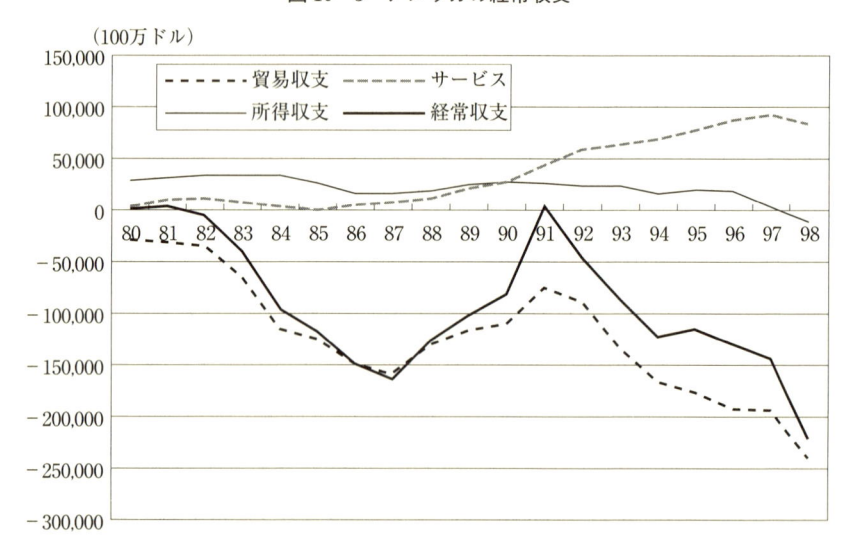

（100万ドル）

- - - 貿易収支   - - - サービス
　　　所得収支   ―― 経常収支

表10-1　アメリカと日本の国内総生産の実質成長率

	1990	1991	1992	1993	1994	1995	1996	1997	1998
アメリカ	1.2	−0.9	2.7	2.2	3.5	2.3	3.4	3.9	3.9
日　本	5.1	3.8	1.0	0.3	0.6	1.5	5.1	1.4	−2.8

（出所）　総務庁統計局『世界の統計2000』2000年，79ページ。

ではなく，外国が貿易障壁を低くするべきであると論じた。

クリントン政権と不況からの脱出　1992年にクリントンが大統領になった。クリントンについて知られていたことといえば，アーカンソー州出身で，フルブライト上院議員の指導を受けたことがあり，政治を志して知事になった人物であるということぐらいであった。クリントンは戦後生まれで第二次大戦を知らない。選挙戦中，彼は「チェンジ」という言葉をくりかえすだけで，具体的な政策についてはほとんど話さなかった。話さなくても選挙に勝てる見込みが十分だったからである。彼の経済政策など知りようがなかった。

　クリントンの就任演説は短く，はなやかさに欠けていた。そこでも彼の経済政策は明らかにされなかった。しかし，クリントンは強運であった。1990年代のアメリカ経済はITを中心に活況を呈し，70年代，80年代の冬の時代から様変わりした。相次ぐ技術進歩とベンチャーの設立がその直接の原因であったが，背景には70年代末から80年代におこなわれた規制撤廃があった。1990年以降の国内総生産（GDP）の実質成長率を日本と比較してみると，**表10-1**のようになる。

　この表からは，1992年から日本経済が停滞し，アメリカが着実に伸びていることがわかる。また生産性の伸びも90年代以降急速に高まり，製造業の就業者1人の時間あたりの生産高は94年3.1％，95年3.9％，96年4.1％，97年5.0％，98年5.3％，99年6.4％と一貫して上昇している。

　労働力人口にしめる失業者の割合は低下してほぼ完全雇用に近く，貧困と定義される人口の割合も1993年の12.3％から1998年の10.0％に低下した。また，1994年以降黒人の貧困率ははじめてヒスパニックのそれを下まわった。

グローバル・パートナーシップの形成へ 1989年にベルリンの壁がやぶられ，1991年にソ連が崩壊し，アメリカは再び世界一の強国になった。それをうらづける経済ではアメリカが日本やEUをこえ，一人勝ちの状況となっている。全世界をつつむようなパックス・アメリカーナが再び形成されようとしているのであろうか。多分そうではあるまい。21世紀は1945～73年とはいちじるしく変わっている。技術進歩の結果地球は小さくなり，国境はあらゆる面で低くなっている。長期的にはアメリカと日本やEUが，グローバルなパートナーシップを形成することになっていくであろう。アメリカはまずEUに対抗して南北アメリカ経済圏，さらに太平洋経済圏の形成を試みるかもしれない。日本もまた東アジア経済，さらにアジア経済のゆるやかな協調をめざすかもしれない。

いずれのばあいも一国だけで雇用の維持，環境の保全，貧困の撲滅などの経済目標をすべて達成しうる時代はすぎたように思われる。目標達成のためにはグローバル・パートナーシップが必要なのである。

▶注
1） 『原典アメリカ史』第7巻，岩波書店，1982年，マスキー法解説および訳参照。
2） 榊原胖夫「公共投資反対運動の時代的背景について」航空政策研究会，1980年。
3） ニクソンの再選をはかるグループが，ワシントンD.C.のウォーターゲートにあった民主党全国委員会室に盗聴器を仕掛けようとして発見され，未遂に終わった事件。大統領の側近たちも関知しており，ニクソン自身も事件の隠蔽工作に関与していたことが判明して大問題になった。
4） 赤字額は1975年532億ドル，76年732億ドル，77年536億ドル，78年592億ドルとなった。

■著者略歴

榊原　胖夫（さかきばら　やすお）
- 1929年　京都市に生まれる
- 1954年　同志社大学大学院経済学研究科修士課程修了。その後，アーモスト大学大学院・ハーバード大学大学院（いずれもアメリカ）修了
- 1966年　同志社大学経済学部教授
- 1993年　帝京技術科学大学（現帝京平成大学）情報学部教授
- 1997年　大阪商業大学商経学部教授
- 現　在　関西外国語大学外国語学部教授

これまでに，日本アメリカ学会会長，日本交通学会副会長，日本航空政策研究会・関西空港調査会・道路経済研究所等の理事を歴任

主要著作

『インターモーダリズム』（共著：勁草書房，1999年），『航空輸送の経済』（晃洋書房，1999年），『アメリカ経済を見る眼』（共著：有斐閣，1982年），『原典アメリカ史』第6・7巻（共編著：岩波書店，1981・82年），『苦難のとき』（共訳：創文社，1981年）など多数。

アメリカ研究──社会科学的アプローチ

2001年7月25日　初版第1刷発行
2003年4月30日　初版第2刷発行

著　者　榊原　胖夫
発行者　白石　德浩

〒630-1242　奈良市大柳生町3619-1
TEL（0742）93-2234／FAX 93-2235
[URL] http://www3.kcn.ne.jp/~kizasu-s
振替　00940-7-53629

印刷・製本　共同印刷工業・藤沢製本

Ⓒ Yasuo SAKAKIBARA, 2001　　　　Printed in Japan

ISBN4-9900708-5-2